송림1동 181번지

# 송림1동 181번지

권근영

## 차례

007     1950~60년대, 배다리 참외전거리와 신흥동 와룡회사에서
013     1955년, 집에서 혼자 낳은 인구
019     둘째 딸 이쁜이, 입분이, 효진이, 도영이
025     수도국산 너머 물 길어 나르던 남숙과 인구
031     씩씩하고 건강한 아이, 상규
037     수도국산 달동네 유일한 초가지붕
043     사진 한 장에서 발견한 이름, 일찍 가버린 호성
049     갯가에서 길을 잃지 않으려면
055     별명을 기억하는 친구
063     갑자기 사라진 여자들
069     팔미도 야유회, 비어홀 뒤풀이
075     용감하고 무모한 혜숙
081     남숙의 정성으로 살린 동생 경수
085     텔레비전 앞으로 모여들던 아이들
091     1968~1973, 인순과 선애의 떠도는 삶
097     '뺑뺑이'가 다 무슨 소용
103     송림동 여자들 사이에 소문난 위험한 골목길
111     동인천 뿌리경양식에서의 진토닉
117     송림동 수도국산 달동네에 실망한 예비신부
123     신신예식장 그리고 송도유원지의 피로연
129     경수의 지극 정성 막내딸 사랑
135     송림동 집에서 치른 장례
141     연안부두에서 멍게 한 접시로 용서를
147     집마다 사연과 아픔을 이해하는 여자들

153 송현교회에서 올린 결혼식

159 눈 온 날, 연탄가스와 동치미

165 배다리 공예상가에 '나래공방'을 열다

171 사춘기 상규 인생의 변곡점 '호산나 합창단'

179 수도국산을 달리며 자라는 아이

187 남숙과 작은 생명들

195 에필로그


추천의 글

197 수도국산 달동네의 기원, 사실적이어서 눈 못 떼는 | 송정로

201 오늘도 송림1동 181번지에서 꿈을 꾼다 | 양진채

205 지지고 볶으며 살았던 송림동 181번지 | 유동현

# 1950~60년대,
# 배다리 참외전거리와 신흥동 와룡회사에서

## 남숙과 형우의 일터

남숙과 형우는 혼인하고 송림1동 181번지에 터를 잡았다. 흙으로 벽을 쌓고, 볏짚으로 지붕을 얹고, 나무를 깎아 대문을 걸었다. 집을 지으면서 배가 불렀는데, 1955년에는 첫째 아들 인구를 낳았다. 인구는 눈이 똘망똘망하고 영리하게 생겼고, 자라면서 공부도 곧잘 했다. 인구가 태어나고 4살 터울로 딸 도영을 낳았다. 도영은 새하얀 피부에 얼굴이 작고 예뻐서 동네 사람들이 "이쁜아~"하고 불렀다. 도영이 태어나고 동네 사람들은 남숙을 '이쁜이 엄마'라고 부르기 시작했다. 도영 밑으로 딸이 하나 더 있었지만, 태어난 지 얼마 되지 않아 죽었다. 그때는 어렵고 가난해서 이런 경우들이 종종 있었는데, 남숙과 형우는 아이를 잃고 마음이 너무 아팠다. 남숙은 더는 아이를 갖지 않겠다고 다짐했다. 그런데 덜컥 막내 상규가 들어섰다. 남숙은 겁이 났다. 무엇도 바라지 않으니, 제발 건강하게만 태어나주길 기도했다. 상규는 아주 튼튼하고, 씩씩했다. 겨울날 팬티 한 장만 입고 마룻바닥을 뛰어다녀도 감기 하나 걸리지 않았다. 그리고 형우를 아주 많이 닮았다.

형우는 강화도 사람인데, 남숙의 사촌 언니 소개로 처음 만났다. 남숙은 형우를 처음 만났을 때 '사내가 참 이쁘다'고 생각했다. 형우의 얼굴은 반듯하고 곱상하게 생겼고, 기골이 장대하고, 풍채가 좋았다. 힘이 좋아 쌀자루든 과일상자든 거뜬히 들었다. 힘이 장사였다. 형우는 배다리 참외전거리에서 일했다. 참외전거리에 깡으로 들어오는 과일이며 채소들을 구루마에 실어 이리 나르고 저리 나르며 돈을 받았다.

형우가 일하는 참외전거리는 주로 과일을 깡으로 팔았는데, 김장철이 되면 배추가 들어왔다. 형우는 배추를 눈여겨보았다가 꼭 꼬랭이(꼬랑이)가 있는 조선배추를 샀다. 경종배추라고도 부르는 조선배추는 길쭉하고 뚱그렇고 밑에 뿌리가 달렸다. 이걸 100포기씩 사서 언덕 꼭대기에 있는 집에 구루마로 실어 왔다. 남숙은 조선배추를 쪼개지 않은 채로 소금을 뿌려서, 큰 도라무통(드럼통) 두 개에다가 절였다. 배춧속을 싸는 날이면, 동네 여자들 대여섯 명이 와서 일을 거들었다. 남숙은 동태와 쇠고기를 사다가 시원한 배춧국을 끓여 대접한다. 동네 여자들 여럿이 붙으니 김장 100포기가 반나절 만에 끝난다. 경동 엄마는 어느새 자기 집에서 김치를 가져와서는 바꿔 먹자고 한다. 그냥 한 포기 가져가라고 해도 꼭 바꿔 먹자며, 여자들은 자기네 김치를 들고 온다. 그러면 온 동네 김치를 다 먹어보고, 찌개도 끓여 지져 먹고 그랬다.

어려운 살림에 딸린 식구가 많아, 남숙도 돈을 벌어야 했다. 남숙은 와룡회사에 취직했다. 와룡회사는 인천 동구 신흥동에서 와룡소주를 만들던 공장이다. 남숙은 이곳에서 소주병 닦는 일을 했다.

빨간 벽돌로 지어진 회사 건물 안으로 쭉 들어가면 사무실이 나오고, 한쪽에는 둥그렇게 솔이 달린 기계가 돌아가고 있다. 그 기계 앞에서 여자들이 앞치마를 하고 둘러 앉아있다. 뱅글뱅글 돌아가는 솔을 병에 쑥 집어넣어, 병을 닦는 게 여자들의 일이었다. 규칙적으로 돌아가는 기계 속도에 맞춰 병을 닦기란 쉬운 일이 아니었다. 와룡회사에는 이 홉짜리 병도 있고, 사 홉짜리 병도 있고, 됫병도 있었다. 솔을 깊이 집어넣어 크기가 다른 병들을 깨끗이 세척해야 했다. 종종 병을 솔로 닦다가 병이 터지는 경우도 있었다. 특히 됫병이 잘 터졌는데, 그럴 때면 병 조각이 사방으로 튀어 아수라장이 되었다.

와룡회사에는 제각각 다 하는 일들이 달랐다. 병을 닦는 사람, 닦은 병에 술을 담는 사람, 술병에 라벨을 붙이는 사람 등 담당이 있었다. 바닥을 청소하는 여자도 있었는데, 수거된 소주병에 있는 네떼루(네임 택)를 떼어내면서 바닥에 떨어진 종이들을 치우는 일을 했다. 기계가 돌아가는 공장 안에서는 눈 깜짝할 사이에 사고가 나곤 한다. 한 번은 허리를 숙여 바닥을 청소하던 여자의 머리카락이 소주병을 닦는 솔에 감겨서, 기계를 정지시키고 병원에 가야 하는 사고가 일어난 적도 있었다.

남숙은 큰 사고 없이 와룡회사에서 착실하게 일을 했다. 당시 고구마 주정으로 만든 와룡소주는 인천에서 인기가 좋았고, 강화나 바닷가 어선으로 많이 나갔다. 현대극장이나 미림극장에서는 와룡소주 광고도 했는데, 용이 멋들어지게 쫘아아악 나와서 흔들어대다가 와룡소주가 나오는 선전이었다.

공장은 겨울에 바쁘게 돌아갔다. 특히 크리스마스부터 음력 명일 때까지가 대목이었다. 그러면 공장에 여자들은 열하루 많게는 스무날까지 밤을 새워서 일을 하고 그랬다.

공장에서 밤을 새우며 일한 지 닷새쯤 지났을 때 열두 살 먹은 남숙의 딸 도영과 여섯 살배기 막내아들 상규가 찾아왔다. 상규는 엄마를 보자마자 울었다. 여섯 살 먹은 나이 때까지 엄마 젖을 떼지 못한 상규는 며칠 동안 내내 울었던 게 분명하다. 남숙에게 달려들어 치마꼬리에 매달려 놓지를 않았다. 돈을 쥐여 줘도 그냥 던져버렸다. 여러 날 시간 일로 지쳐있던 와룡회사 여자들은 눈이 뚱그레졌다. 그러면서도 이해했다. 여섯 살 상규에게 하루라도 엄마를 못 본다는 게 어떤 의미일지, 여자들은 충분히 알았다. 남숙은 사무실에 들어가서 사정을 이야기하고, 도영과 상규의 손을 잡고 집으로 갔다. 도영은 기분이 좋았다.

"엄마 휴가 얻었어?" 하며 싱글벙글한 도영에게, 남숙은 말했다.

"너 또 상규 데리고 오면 국물도 없어. 다신 데리고 오지 마."

"알았어~" 하고 대답하며 도영은 웃는다. 지금 엄마 손을 잡고 집에 가고 있다는 사실이 마냥 기쁘기 때문이다.

그로부터 50년 가까이 지났다. 2020년 새해를 맞이하여 남숙과 인구와 상규는 거실에 둘러 앉아있다. 인구와 상규는 유리 글라스에 진로 소주를 콸콸 따른다. 남숙은 그런 인구와 상규를 보며, 화학 소주를 도대체 무슨 맛으로 먹냐며 한소리 한다. 오래전 와룡회사에서 갓 맞춘 술을 먹으면, 달콤해서 계속 먹게 되었다고, 그래서 술에 취해서 집에 오는 날이 많았다고, 그 술맛을 잊을 수가 없다고 남숙은 말한다.

상규가 소주잔에 포도주를 조금 부으면서, 화학주 싫으면 담금술을 먹으라며 남숙에게 내민다. 남숙이 포도주를 한 모금 입에 가져다 댄다.

"아구 써."

남숙의 주름진 얼굴에 찡그림까지 더해지니 주름이 배로 깊어진다. 그 모습이 재밌어서 인구와 상규가 배꼽을 잡고 웃는다. 상규가 말한다.

"엄마 오래오래 사슈."

1955년,
집에서 혼자 낳은 인구

## 남숙과 형우의 첫째 아이

1955년 12월(음력) 남숙은 송림1동 181번지 안방에서 첫째 아들 인구를 낳았다. 남숙은 배가 불러오는 동안 한 번도 병원에 가본 적이 없다. 동네 여자들도 마찬가지였다. 아이를 낳아본 여자들에게 방법을 귀로 익히며 아이 낳을 준비를 했다. 남숙은 실하고 가위하고 대야를 챙겨 방으로 들어가, 혼자 아이를 낳았다. 아이 배에서부터 장 뼘 하나를 재서 태(탯줄)를 손으로 꽉 잡았다. 아이 쪽으로 태를 세 번 훑어서 피를 밀어내고, 실로 꽉 처맸다. 가위 들어갈 자리만 내놓고 이번에는 피를 반대쪽으로 훑어냈다. 그리고 실을 한 번 더 꼭 맸다. 실로 처맨 태의 가운데를 가위로 자르고, 아이와 연결된 태를 사리해서 배 위에 올렸다. 그 위에 솜을 대어 붕대를 둘렀다. 그렇게 삼을 가르고 아이를 포대기에 돌돌 말아서 뉘어 놓은 뒤에, 남숙이 힘을 주어 물컹하고 태를 낳았다. 남숙은 세숫대야에 아이의 태를 담아 형우에게 건넸다.

형우는 마당으로 가 장작더미에 불을 지폈다. 태를 태워서 재를 만드는 것이다. 형우는 누가 훔쳐 가지 못하도록 태를 꼭 지키고 있었다. 애기 태로 만든 약이 영양 덩어리라고 사람들은 누가 아이를 낳았다고 하면, 그걸 달라고 난리였다. 남숙은 절대로 남에게 태를 줄 수 없다고 신신당부하며, 꼭 그 자리에 지키고 있어야 한다고 형우에게 말했다. 형우는 태를 태우고, 고추와 숯 그리고 흰 창호지를 달아 만든 인줄(금줄)을 대문에 걸어 놓았다. 남숙은 태를 태워 만든 재를 곱게 빻았다. 그걸 깨끗한 종이에 싸서 잘 뒀다가 아이 머리에 부스럼이 생기면 솔솔 뿌려주었다. 그렇게 해주면 헌 머리가 금방 괜찮아졌다.

형우의 누나는 남숙이 아들을 낳으니, 입이 귀에 걸렸다. 그러더니 조카를 "수캐야 수캐야"하고 부르기 시작했다. 이름을 수캐라고 지으라고 했다. 그때는 일부러 개똥이니, 수캐니 하는 막 부르는 이름으로 짓기도 했다. 한자를 쓰지 않으면 저승 명부에도 없고, 더러운 명칭을 저승사자가 꺼린다고 생각했다. 1년도 되기 전에 아이가 죽는 경우가 허다했기에 오래 살라고 일부러 이름을 아무렇게나 붙이고, 호적 신고를 늦게 하기도 했다. 남숙은 자신의 귀한 자식을 수캐라고 부르기 싫었다. 절대로 수캐라고 호적에 올릴 수 없다고 단호하게 말했다. 그래서 형우는 강화에 갔다.

형우는 1914년 강화도에서 1녀 3남 중 막내로 태어났다. 형우가 세 살 때 마을에 염병(장티푸스)이 퍼져서 사람들이 많이 죽었다. 그때 형우의 엄마가 죽었다. 형우가 아홉 살 때 아버지마저 돌아가시고, 형우는 석모도에 사는 큰누나를 찾아갔다. 시집을 간 큰누나네 집에 얹혀사는 건 너무 고달팠다. 구박이 심했고, 결국 열두 살에 인천으로 혼자 나와 살게 되었다. 형우는 아들의 이름을 얻으러 오랜만에 강화를 찾았다. 종친회를 찾아가 항렬을 따져 물어 이름을 지어왔다. 그래서 아이 이름이 인구가 되었다.

인구를 낳고 얼마 지나지 않아 남숙은 시름시름 앓기 시작했다. 이상하게 기운이 없고 일어날 수가 없었다. 어려운 형편에, 의원을 만날 수도 없었다. 부족한 영양 상태에 아이를 낳다가 산모고 아이고 죽는 경우가 허다했다. 남숙은 사경을 헤맸다.

남숙이 몸져누워있는 상황에서도 형우는 돈을 벌어야 했다. 형우는 갓난쟁이를 업고 참외전거리로 일을 나갔다. 그때 참외전거리 과일전 여자들이 아이를 챙겨줬다. 밥물을 끓여 아이를 먹이고 달랬다. 형우는 구루마로 짐을 나르는 일을 마치면 다시 아이를 업고 집으로 갔다. 다음날이면 다시 아이를 업고 참외전거리로 나오는 날이 반복되었다. 그러다 어느 날 형우는 장례사에 가서 칠성판을 사 왔다. 칠성판을 마루 밑에 두고, 언제 치를지 모를 장례를 준비하고 있었다.

남숙이 정신을 차린 건 보름도 더 지난 후였다. 피부가 죽은 사람처럼 까맸다. 초상 치를 준비를 하던 가족들은 남숙이 눈을 뜨고 의식이 돌아오자 놀랐다. 기적이 일어났다고 생각했다. 남숙은 아이를 찾았다. 아이는 다행히 살아있었다. 하지만 개구리처럼 빼빼 말라있는 꼴이 너무 가여웠다. 아이를 살리려면 자신이 어서 기운을 차려야 한다는 생각이 들었다. 남숙은 쌀을 끓여 아이를 먹였다. 젖 한 번 못 물리고, 밥물로 배를 채우게 했다는 죄책감에 가슴이 미어졌다. 아이가 마르고 작은 게 자기 때문이라고 탓했다.

남숙은 동인천 축현학교 위로 난 공원길을 올랐다. 홍예문을 넘어가면 한약방이 하나 있었다. 한약방 할아버지는 바짝 마른 인구의 맥을 짚더니, 괜찮다고 말했다. 건강하게 살아있으니, 건강한 약을 먹이면 된다고 말했다. 남숙은 사슴뿔도 넣어 보약을 짓기로 했다. 남숙의 형편으로는 보약을 살 수 없었는데, 평소 친하게 지내던 앞

집 순경 할머니가 돈을 보태줬다. 순경 할머니는 아들이 순경이라서, 동네 사람들이 순경 할머니라고 불렀다. 순경 할머니에게 돈을 꾸어다가 한약을 두 첩 지어와 인구를 먹였다. 남숙은 그 이후에도 어려울 때마다 동네 여자들에게 돈을 꾸고, 또 꾸어주면서 지냈다.

인구는 송림국민학교(초등학교)를 졸업하고, 답동에 있던 시은고등공민학교에서 공부했다. 학급회장을 맡을 정도로 영특하고, 영어 공부를 열심히 했다. 순경 할머니는 인구에게 돈을 쥐여주며, 이 돈으로 고등학교에 가서 열심히 공부하라고 했다. 인구는 고민했다. 그러다 그 돈을 도로 돌려드렸다. 인구는 돈을 벌기로 마음먹었다. 미국으로 수출하는 시계 케이스 공장에서 조각 기술을 익히고, 가구공장에서 일을 시작했다. 그렇게 50년 가까이 나무 만지는 일을 하고 있다.

인구는 출근 준비를 하며 거울 앞에 선다. 머리 가운데가 듬성듬성 비어있다. 그 자리에 남아있는 얼마 되지 않는 머리카락이 소중한 듯, 정성껏 마사지해주고, 빗으로 이리 넘겨보고 저리 넘겨본다. 그 모습을 보던 남숙이 어딜 간다고 그렇게 멋을 부리냐, 라며 장난 섞인 말을 던진다. 부스럼이 나 빻은 태를 뿌려주던 머리가 동그랗게 커가고, 한때는 검고 풍성한 장발 스타일로 한껏 멋을 부리더니, 이제 인구의 머리는 어딘가 허전해 보인다. 인구는 몸을 돌려 남숙 앞에 선다. 그러더니 남숙의 머리를 두 손으로 꾹꾹 눌러 두피 마사지를 해준다. 이렇게 해야 머리카락도 안 빠지고, 치매도 안 걸린다고, 인구는 남숙에게 자주 하라고 당부한다. 남숙은 됐어, 저리 치워, 하면서도 얼굴은 웃고 있다. 인구도 따라 웃는다.

둘째 딸 이쁜이, 입분이, 효진이, 도영이

## 남숙과 형우의 둘째 아이

1959년 남숙은 송림동 집 마당에서 진통을 느꼈다. 뱃속에서 애가 돌면서 나올 채비를 하느라 배가 아픈 것이다. 첫째 인구는 밤새도록 비실거리다 새벽에 낳았는데, 둘째는 힘 안 들이고 금방 낳았다. 낳아놓고 보니 눈이 동그랗고 얼굴이 둥글납작한 게 참 예뻤다. 쌍꺼풀이 졌고 얼굴은 허여멀건 게 꼭 인형 같았다. 동네 여자들은 남숙네로 자주 마실 나왔다. 남숙네는 동네 모든 소식을 들을 수 있는 곳이기도 했는데, 아이를 보고 싶어서 더 자주 모여들었다. 동네 여자들은 남숙의 둘째 아이를 "이쁜아"하고 불렀다.

남숙이 아이를 마루에 뉘어 놓고 마당에서 기저귀를 빠는 사이, 동네 여자들은 다른 집으로 몰려가면서 꼭 아이를 데려갔다. 기저귀를 널고 집을 한바탕 정리하고 동네를 한 바퀴 돌면 아이를 금방 찾을 수 있었다. 가끔 동네 여자들이 장난친다고 아이를 감춰 놓기도 했다. 남숙이 겁먹은 얼굴로 아이를 찾으러 다니면, 짜니 할머니는 고생하지 말고 집에 가서 기다리고 있으라고 했다. 그러면 얼마 지나지 않아 짓궂은 여자 몇몇이 아이 젖 먹이라며 배고픈 아이를 안고 나타나곤 했다.

형우는 동사무소에 출생신고를 하러 갔다. 직원이 아이 이름이 무어냐고 물으니, 그제야 형우는 아이 이름을 짓지 않았다는 사실이 떠올랐다. 첫째 인구는 아들이라 강화도 종친회를 찾아가 항렬을 따져 물어 이름을 지어왔는데, 딸 아이의 이름은 지을 생각조

차 못 했다. 형우는 흔한 이름들을 떠올렸다. 윤달에 낳으면 윤자, 봄에 태어나면 춘희, 순하게 살라고 순이, 행실이 곧아지라고 정숙이. 그런 이름들 사이에서 동네 여자들이 "이쁜아"하고 부르던 게 생각이 났다. 형우는 직원에게 아이 이름이 이쁜이라고 알려주었다. 직원은 이쁜의 '쁜'자는 한자에는 없는 글자이기 때문에 사용할 수 없는 이름이라고 말했다. 형우는 학교에 다닌 적도, 한자를 배운 적도 없었다. 어떤 한자가 이름으로 쓰일 수 있는지 없는지도 몰랐다. 직원은 이쁜과 발음이 비슷한 설 '입'자에 나눌 '분'을 써서 입분이라는 이름을 적어주었고, 그래서 둘째 아이의 이름이 입분이가 되었다.

입분은 어려서부터 손이 야무지고 재주가 많은 게 형우를 닮았다. 형우는 말수가 적고 손재주가 좋았고, 집에 필요한 것들을 손수 만들었다. 형우와 남숙이 살던 송림동 집은 초가지붕이었다. 형우는 겨울이 오기 전에 초가집 용마름 이엉을 직접 이었는데, 그걸 초가지붕 한가운데 씌워 놓으면 멋도 멋이지만 겨울에 그렇게 따뜻할 수가 없었다. 형우는 빗자루도 잘 만들었다. 수수 알갱이를 털고 난 수숫대로 술을 만들고, 손잡이를 만들어서 나일론 줄로 단단하게 처맸다. 빨간 수수비(수수 빗자루)는 거칠어서 마당에 흙 따위가 잘 쓸렸다. 수수비를 마당비로 쓰고, 방비(방 빗자루)는 탈곡하고 남은 벼로 만들어 썼다.

겨울이 되면 형우는 뜨개질로 스웨터와 양말을 떴다. 다른 사람들은 양말을 발목에서부터 뜨기 시작하는데, 형우는 발가락에서부터 떠올라갔다. 뜨개질하는 형우 옆에서 입분도 실을 만지기 시작했다. 입분은 잘 입지 않는 스웨터 실을 풀어냈다. 스웨터에서 실을 풀면 실이 꼬불꼬불한데, 거기에 뜨거운 김을 쐬어주면 실이 곧게 펴졌다. 양은 주전자의 뚜껑 손잡이를 풀어서, 거기에 실을 넣고 주전자 주둥이 쪽으로 실을 빼내었다. 주전자에 물을 조금 부어 끓이고 김이 올라오면, 실을 잡아당기면서 천천히 감아주었다. 그럼 꼬불꼬불하던 실이 완벽하게는 아니어도 어느 정도 펴져서 다시 사용할 수 있었다. 입분은 헌 실로 동생 상규의 양말을 떴다. 나일론 양말을 신을 때마다 발이 시리다고 칭얼대던 상규의 목소리가 떠올랐기 때문이다. 양말을 뜰 때 발뒤꿈치 파는 방법이 어려웠는데, 입분은 눈썰미가 좋아 금방 익혔다. 입분은 여섯 살 터울의 어린 동생 상규에게 털양말을 만들어 신기며, 많이 아꼈다.

입분에게는 고민이 하나 있었는데, 그건 바로 자신의 이름이었다. 이름을 이야기하면 한 번에 제대로 받아 적는 사람이 없었다. 입 할 때 '입', 분꽃 할 때 '분'이라고 설명을 붙여야 했다. 특히 시은고등공민학교에 다닐 때 음악 시간은 정말 고통스러웠다. 음악선생은 출석을 부르며 성을 뺀 이름만 불렀는데, 종례! 집에 가, 끝분이! 너 끝번으로 낳았어?, 입분이! 너 어디가 이뻐? 너 나와봐, 라고 해서 입분은 음악 시간마다 스트레스를 받았다. 입분은 같은 학교를 졸업한 오빠 인구에게 이름 때문에 힘들다고 고민을 털어놓았다.

인구는 입분에게 새로운 이름을 지어주려고 옥편을 폈다. 집에서 한자를 아는 사람은 인구와 입분 둘 뿐이었다. 인구는 입분에게 밝고 진실하게 살라는 의미로 밝을 '효'자에 참 '진'자를 써서 효진이라는 이름을 지어주었다. 입분은 효진이라는 이름이 마음에 들었다. 직장 사람들에게도 효진이라는 이름을 알려주었고, 송현교회에서 결혼할 때도 효진이라고 이름을 달았다.

결혼 후 입분은 개명신청을 하러 갔다. 법원은 대한민국 전체에 입분이라는 이름을 가진 사람이 680명이 있고, 그 이름이 혐오스럽지 않다는 이유로 신청을 기각했다. 입분은 전국 전화번호부를 펼쳐보았다. 김입분, 박입분, 정입분… 입분이라는 이름을 가진 사람이 정말 많았다. 그 여자들은 그 이름을 가지고서 어떻게 살아가고 있을지 궁금했다.

몇 년 뒤 입분은 같은 직장 사무실에 있는 은순이 은화로 개명했다는 소식을 들었다. 부르는 이름만 바꾼 줄 알았는데, 물어보니까 호적도 다 바꿨다고 했다. 개인 행복 추구권이라는 것이 생겨, 본인이 자기 이름에 만족하지 못하면 그런 이유로 개명 허가가 가능하다는 것이었다. 그 길로 입분은 작명소를 찾아갔다. 태어난 연도, 월, 일, 시를 알려주었고, 원장에게 세 가지 이름을 받았다. 입분은 세 가지 중에 도영이라는 이름이 마음에 들었다. 그래서 본인의 이름을 도영이라고 스스로 정했다.

법원에서 개명 허가를 받은 입분은 이제 도영으로 살고 있다. 이쁜이나 입분이나 효진이나 도영이나 모두 같은 사람인데, 도영은 어쩐지 다시 태어난 것만 같은 좋은 기분이 든다. 남숙은 이름 때문에 시간 쓰고 돈 쓰고, 오랫동안 마음고생한 딸에게 미안하다. 도영은 안다. 형우의 잘못도 남숙의 잘못도 아닌 것을. 도영을 어떤 이름으로 부르건, 사랑을 가득 담아 불렀던 형우와 남숙의 목소리를.

## 수도국산 너머
## 물 길어 나르던 남숙과 인구

## 공동수도, 그리고 개별수도

남숙은 아침마다 송림동 수도국산 너머에 있는 공동수도에 갔다. 함석으로 만든 물초롱(물통) 두 개를 줄 끄트머리에 대놓고 집으로 내려왔다. 물긷는데 줄이 길고 시간이 오래 걸리니까 물초롱으로 자리를 맡아놓는 거다. 그러면 여자들이 물초롱을 집어다가 앞으로 옮겨주고, 또 앞으로 옮겨주고, 그렇게 서로들 순서를 지켜가며 물을 길었다.

송림동 집에는 도라무깡(드럼통)이 마당에 하나, 부엌에 하나 있었다. 거기에 항상 물을 채워 놓고 사용했다. 남숙은 지게에 물초롱 두 개를 지고 와, 마당에 있는 도라무깡에 들이부었다. 그 물로 아이 기저귀를 빨았다. 똥물이 들어 얼룩진 기저귀는 폭 삶아서 앞마당에 하얗게 널어놓았다. 경동 엄마가 아침부터 잠도 없이 물 길어 오고, 기저귀까지 빨았냐고 물으면, 남숙은 얼른 해 날 때 기저귀 말려 놓아야 식구들 빨래도 한다고 대꾸했다.

남숙은 종종 물초롱을 깨뜨렸다. 특히 겨울에는 반질반질한 비탈길에 한 발짝만 잘 못 놓으면 미끄러져 훌러덩 나가떨어졌다. 그러면 물초롱은 물초롱대로 내리굴러서 찌그러지고 물은 물대로 나동그라졌다. 그런 남숙의 곁에서 일을 거든 건 첫째 아들 인구였다. 인구는 국민학교(초등학교)에 들어갈 무렵부터 엄마를 위해 물지게에 물을 반 통씩 담아 어깨에 메고 수도국산 언덕을 오르내렸다.

남숙을 도와 집안일을 곧잘 하면서도 결석 한 번 하지 않던 인구가, 한 번은 송림학교를 가다 집으로 되돌아왔다. 아침 먹은 게 체했는지 배가 아파서 돌아온 거다. 약을 먹이고 학교에 가지 말라고 일렀는데, 어느새 인구는 책가방을 메고 학교로 달아났다. 남숙은 인구를 쫓아갔다. 인구의 담임 선생을 찾아가 애가 아침부터 아팠다고, 쉬라고 했는데도 빠지면 안 된다면서 왔다고, 늦었다고 벌주지 말아 달라고 했다. 담임 선생은 알았다고 걱정하지 말라 했다. 돌아서며 남숙은 창문 너머로 교실 맨 앞 책상에 앉아 있는 인구를 들여다보았다.

교실은 콩나물시루마냥 아이들로 빼곡했다. 송림국민학교 1학년과 2학년은 학생이 너무 많고 교실이 부족해서 오전반과 오후반으로 나눠서 수업했다. 고학년부터는 점심 도시락을 싸 들고 가서 오후까지 수업을 들어야 했다. 한 반에 65명씩 15개 반이니까 한 학년에 900명이 넘었다. 수우미양가로 성적을 나누던 시절, 책상 배치와 분단도 수우미양가로 나눴다. 복도 쪽부터 가 분단, 미 분단, 가운데가 수 분단, 우 분단, 창문 쪽이 양 분단이었다. 그렇게 성적대로 분단을 나눠서 키 순서로 학생을 앉혔다. 인구는 키가 작아서 우 분단 맨 앞자리에 앉았다.

복도에서 창문 너머로 인구를 바라보며 남숙은 가슴이 쓰렸다. 인구가 키가 작아 교실 맨 앞자리에 앉은 것도, 어린 나이에 일찍 철이 들어 부모 속 한 번 썩이지 않은 것도, 동생들 돌보며 공부를 열심히 하는 것도 마음 한구석이 저릿했다. 그러다 남숙은 수도국산에 사는 사람들이 많아져서, 집마다 수도를 놓을 수 있다는 소식을 들었다. 동에서는 신청자를 받았다. 돈이 많이 들었지만, 가정집마다 수도를 놓으면 공동수도에 물을 길으러 가지 않아도 되었다. 가파른 언덕길을 내려오며 물지게의 물을 흘릴 걱정도 하지 않아도 되었다. 무엇보다 인구가 물지게가 아닌 책가방만 메고 뛰어다닐 수 있었다. 남숙은 동네에서 제일 먼저 나서서 수도 공사를 서둘렀다.

동네에 개별 수도가 놓이자, 사람들 사이가 한바탕 술렁였다. 바로 윗집 창구네는 비용도 비용이지만, 그냥 공동수도에서 길어다가 먹으면 된다며 수도를 놓지 않았다. 하지만 동네 사람들이 집에서 나오는 물을 쓰고 점점 공동수도에 가는 발길이 뜸해지자, 창구 아버지는 심술이 나기 시작했다. 급할 때는 이웃인 남숙네 가서 수도를 썼는데, 수도 값을 주기도 애매하고 받기도 미안한 상황들이 계속됐다. 결국 창구네는 빚을 져서라도 수도를 놓기로 했다.

창구네를 시작으로 2차로 가정집에 수도를 놓는 사람들이 생겼다. 이미 공사가 끝난 뒤라 2차로 수도를 놓으려면, 근처 이웃집에서 수도를 따야 했다. 기술자들은 남숙네 수도를 따서 창구네 가정집 수도를 만들어주었다. 창구 아버지는 남숙을 찾아가 고맙다며 돈을 건넸다. 남숙은 돈을 거절했다. 정부에서 하는 일인데, 자신이 돈을 받을 이유가 없다는 이유에서다. 물이 줄지도 않았고, 사용하는 데 하자가 없었다. 한동네 아래윗집으로 살면서 당연한 거라고 남숙은 말했다.

개별 수도를 따서 이웃집에 수도를 놓아주는 공사가 간간이 있을 때마다 크고 작은 소란이 생겼다. 물이 줄었다고, 약해졌다고, 수도 요금이 맞냐고. 그럴 때마다 동회장(동장)이 나서곤 했다. 한 번은 한겨울에 수도가 다 얼어서 집마다 물이 안 나왔는데, 남숙네만 물이 나왔다. 기술자가 와서 살펴보더니, 수도 파이프를 개울물 옆에다 묻어서 괜찮은 거라고 말했다. 남숙네 집 대문 앞에는 작은 개천이 흐르고 있었다. 악취도 심하고, 쥐도 돌아다니는 더러운 하수도 개천이었는데, 그 옆에다가 수도 파이프를 심어 놓았다고 했다. 개울물이 항상 흐르기 때문에 수도가 얼지 않았던 거다.

집마다 파이프를 녹인다. 가난한 사람들이 다닥다닥 붙어사는 동네의 겨울은 소란스럽다. 수도국산 달동네 사람들의 가난해진 마음이 얼었다 녹았다 한다.

## 씩씩하고 건강한 아이, 상규

### 남숙과 형우의 막내

1965년 1월 남숙은 막내아들 상규를 낳았다. 한밤중에 소리 소문 없이 아이를 낳아 동네 여자들이 어디서 아이 하나 데려온 거 아니냐며, 배를 보니까 낳긴 한 거 같다며, 장난했다. 첫아이 인구를 밤새도록 고생하다 낳아서, 둘째는 참 수월하다고 여겼는데, 막내는 일도 아니었다. 그때 남숙의 나이가 마흔하나였고, 형우는 쉰둘이었다. 형우에게 상규는 쉰둥이였다. 늦은 나이에 얻은 막둥이라 그렇게 구여울 수가 없었다.

형우는 참외전거리에서 일을 마치면 꼭 먹을 걸 사 들고 왔다. 멍이 들어 팔지 못하는 사과라든지 알파벳 모양의 에이비씨 과자라든지, 토끼나 개 문양의 동물 과자, 센베이 과자 같은 걸 사 들고 왔다. 형우가 집에 도착하면 아이들이 그 앞에 둥글게 모여 앉았다. 형우가 과자를 내려놓으면, 상규는 과자를 가장 많이 끌어안고는 모두 자기 것이라고 욕심부렸다. 형우는 그 모습이 귀여워 그냥 웃고 말았다. 상규는 과자를 차지하고는 형우의 밥상 앞에 앉는다. 남숙이 저녁 먹어놓고 왜 또 그 앞에 앉냐고 한 소리 해도, 상규는 움직이지 않는다. 형우가 생선 살을 발라 숟가락에 얹어주면, 상규는 저녁을 처음 먹는 것처럼 맛있게 먹었다. 첫째 인구와 둘째 도영이 어려서부터 병치레로 고생을 많이 했기에, 잘 먹고 건강한 상규가 고마웠다.

겨울이 되면 형우가 손수 코바늘로 장갑, 목도리, 윗도리, 바지, 양말까지 털실로 떠서 상규를 입혔다. 상규는 누런 코를 흘리며 추운 겨울에도 동네를 뛰어다녔다. 송림동 집 뒤 언덕에는 너른 밭이 하나 있었다. 밭 좌측에는 하수구 물이 흘렀고, 겨울이 되면 그 물이 꽁꽁 얼어서 경사가 졌다. 동네 아이들의 놀이터였다. 상규는 비료 포대를 가지고 가서 썰매를 탔다. 털옷이 헤지는 것도 모르고 신나게 썰매를 탔다. 집에 돌아와서는 썰매 타지 않은 척 연기했다. 하지만 금방 탄로 났다. 온몸에 밴 하수구 냄새 때문이었다. 남숙은 가마솥에 물을 끓여 상규를 홀딱 벗겨 씻겼고, 도영은 상규의 헤진 털옷을 손봤다.

도영과 상규는 여섯 살 터울이었다. 상규는 도영을 언니라고 부르며, 꼭 따라다녔다. 남숙이 도영에게 현대시장에 다녀오라고 심부름을 시킬 때도 상규는 먼저 일어나 고무신을 신었다. 상규는 돌아오는 길에 업어달라고 칭얼댔다. 도영은 상규를 업어서 한 손으로는 궁둥이를 받치고, 한 손으로는 그릇을 들고 언덕 계단을 올랐다. 힘이 들어 상규에게 내려서 걸어가자고 하면, 목을 더 끌어안고 끌어안았다. 상규는 도영의 등짝에 한 번 붙으면 떨어지지 않았다. 찰거머리 같았다.

한 번은 상규가 뭘 잘 못 먹었는지 온몸에 두드러기가 났다. 가렵다고 박박 긁고, 데굴데굴 구르고 난리가 났다. 남숙은 와룡 회사로, 형우는 참외전거리로 일하러 가서 집에는 도영과 상규 둘뿐이었다. 도영은 아랫집 아줌마에게 갔다. 상규를 보였더니, 염전에 가서 씻기면 쏙 들어갈 텐데 멀어서 어떻게 가겠냐고 했다. 도영은 상규를 데리고 현대시장으로 갔다. 상인에게 염전 가는 방향을 물으니 시장 옆길로 쭉 올라가서 송림고개를 넘어 걸어가면 염전이 나온다고 했다. 송림고개를 넘어, 성냥 공장과 나무 도시락 공장을 지나 1염전에 도착했다. 염전 저수지라고도 했는데, 바닷물이 들어올 때 물을 받아놨다가 그 옆에 소금 만드는 염전에 물을 대는 저수지였다.

도영은 상규를 한 귀퉁이에 세워놓고 옷을 홀딱 벗겨 짠물로 30분을 넘게 씻겼다. 아랫집 아줌마가 일러준 대로 물을 흘리면서 살살 두드려줬다. 벅벅 문대면 살이 빨갛게 까진다고, 흉지지 않게 조심했다. 맑은 물로 씻기지 않고, 바로 옷을 입혀서 집까지 되돌아왔다. 상규가 등에 업혀 잠이 드니 늘어져서 힘이 들었다. 눈 좀 떠보라고 해도 계속 고개를 땅으로 떨궜다. 도영과 상규는 집에 도착하자마자 녹초가 돼서 마루에서 잠이 들었다. 밤이 되어 일을 다녀온 남숙이 도영에게 상규가 왜 이러냐, 어디 다녀왔냐 물었다. 도영이 자초지종을 말하니, 남숙은 거기가 어디라고 차 다니고 위험한데 아이를 업고 다녀왔냐며 도영의 등짝을 때렸다. 도영은 성질이 나서 입이 삐죽 나왔고, 이불을 뒤집어쓰고 잠이 들었다. 다음날 상규는 두드러기가 쏙 들어가 다시 동네를 빨빨거렸다.

상규가 동네에 매일 드나드는 집은 선생네였다. 동네에 손꼽히는 부잣집이자 상규와 동갑내기 외동아들 상우가 사는 집이다. 상우의 엄마는 국민학교(초등학교) 선생이고, 아빠는 고등학교 체육 선생이었다. 할아버지는 고등학교에서 교장을 해서, 동네 사람들이 선생네라고 불렀다. 동네 사람들은 선생네 가는 걸 조금 어려워했는데, 상규는 눈만 뜨면 그 집에 갔다. 선생네 가면 신기하고 맛있는 게 많기 때문이다.

상규는 토스터기가 정말 신기했다. 타이머를 맞추고, 빵이 다 구워지면 뻥 하고 튀어 오르는 게 재밌었다. 잘 구워진 빵에 땅콩잼도 발라 먹고, 딸기잼도 발라 먹었다. 비싼 햄과 소시지도 얼마든지 먹을 수 있었다. 상규가 맛있게 먹으면 상우도 따라 먹었다. 상규가 계속 먹으니까 상우가 그만 먹으라고 했다. 상규는 싫다면서 두 개, 세 개 계속 먹었다. 그러면 상우가 질투가 나서 자기도 열심히 따라 먹었다. 상우 엄마는 상규가 매일 오는 게 좋았다. 선생네에서 상규는 언제나 대환영이었는데, 이유는 깡마른 상우 때문이었다.

상우는 얼굴이 주먹만 하고 빠짝 말랐다. 입이 짧아서 잘 먹지 않았고, 아파서 누워있는 날이 많았다. 집 마당에서 운동하라고 자전거도 사줬지만, 혼자서는 기운이 없어 잘 타지 않았다. 그런 상우가 상규를 만나고 달라졌다. 안 먹던 샌드위치도 먹어보고, 소고기도 먹었다. 상규가 먹는 만큼 상우도 먹으려고 했다. 마당에서 포도도 따 먹고, 자전거도 같이 타고 놀았다. 씩씩한 상규를 따라 상우도 조금씩 건강해졌다.

종일 신나게 뛰어놀고 집에 돌아온 상규는 큰 형 인구가 도착하기 전에 이불에 들어가 자는 척을 했다. 인구가 아침에 내주고 간 숙제를 하지 않았기 때문이다. 집에 돌아온 인구가 빈 공책을 보고는 상규를 깨우려 했다. 남숙은 그냥 자게 두라고 했다. 남숙은 상규가 공부를 조금 못해도 괜찮았다. 건강하고 씩씩하기만 하면 그만이었다. 장롱 하나와 책상 하나 있는 작은 방에 다섯 식구가 눕는다. 온종일 고달팠던 몸을 푸근한 솜이불에 누인다. 내일 아침 일어나면 상규는 인구에게 혼날 거지만 걱정 따윈 하지 않고, 가족들의 온기를 느끼며 잠든다.

수도국산 달동네 유일한 초가지붕

## 가장 높은 터, 가장 튼튼한 지붕

남숙과 형우가 혼인하고 수도국산에 처음 왔을 때, 집이 한 채도 없고 다듬어 놓은 터만 있었다. 현대시장을 등지고 달동네 언덕으로 올라갈수록 땅값이 쌌다. 저렴한 땅을 찾다 보니 꼭대기까지 올라가게 되었고, 송림동 수도국산 달동네 가장 높은 곳에 터를 잡았다. 이른 새벽, 형우가 물을 져다가 흙 두 뭉치를 버무려 놓고 일을 나가면, 남숙은 틀 두 개에 토담을 딛고(흙뭉치를 벽돌 찍는 틀에 넣고 꾹꾹 눌러 밟아서) 햇볕에 말렸다. 흙벽돌로 담을 쌓고, 목재소에 가서 사정하고 나무를 주워와 서까래를 했다. 비가 오면 토담이 물을 먹고 쓰러지니까 빨리 뚜껑을 덮어야 했다. 남숙은 양키부대(미군 부대) 쓰레기를 모으는 고물상에 찾아가 미군 박스(레이션 박스)를 구했다. 미군 박스는 물이 스며들지 않고, 굴러 내려와 지붕으로 덮기 좋았다. 판자 위에 미군 박스, 흙과 타마구 종이(아스팔트 찌꺼기를 코팅한 종이)를 올려 물이 새지 않도록 치밀하게 작업했다.

가을걷이가 끝날 즈음 형우는 탈곡하고 남은 볏짚을 구해 뒤뜰에 모아두었다. 겨울이 오기 전에 지붕에 짚을 올려 집을 따뜻하게 하기 위해서다. 강화 출신인 형우는 손재주가 좋았다. 형우는 지붕 위에 지푸라기를 열 겹 이상 두껍게 쌓아 올리고, 이엉을 길게 엮어 켜켜이 비늘처럼 둘렀다. 지붕 모양을 따라 가운데 용마루를 씌우고, 짚으로 꼰 새끼줄로 이엉과 용마루를 고정했다. 세로로, 가로로 여러 차례 그물처럼 짚을 연결한 새끼줄을 처마에 바짝 잡아

당겨 묶었다. 형우가 손수 만든 초가지붕은 바람이 불고, 눈이 내려도 끄떡없었다.

비가 많이 내리는 여름이 지나면, 지푸라기가 까맣게 삭으면서 부스러졌다. 형우는 일 년에 한 번씩 헌 초가를 털어내고, 햇 볏짚으로 지붕을 새로 갈아 끼우는 일을 반복했다. 그때마다 엄지손가락만큼 굵은 굼벵이가 우수수 떨어졌다. 마당에서 고무줄을 하던 둘째 딸 도영은 굼벵이를 보고는 놀라서 소리 지르며 도망갔다. 형우는 웃으면서 굼벵이를 바구니에 담았다. 굼벵이를 생으로 먹는 사람도 있었지만, 씻어서 찌고 말리고 갈아서 그 가루를 주로 먹었다. 초가집에서만 얻을 수 있는 귀한 약이었다.

초가집은 재료를 싸고 쉽게 구할 수 있고, 여름에 시원하고 겨울에 따뜻하다는 장점이 있지만, 가장 큰 걱정거리는 한 번 불이 붙으면 순식간에 호로록 다 타버린다는 것이다. 초가지붕 아래 사는 남숙과 형우의 아이들은 정월대보름이 돌아올 때마다 동네 아이들로부터 집을 지키기 위해 뛰어다녀야 했다.

정월대보름이 되면 수도국산 마을 아이들은 통조림 깡통을 구해서 쥐불놀이를 했다. 못으로 깡통의 옆구리와 바닥에 구멍을 수십 개 뚫어 바람이 통하게 만들고, 윗부분에는 구멍을 두 개 뚫어 끈으로 연결해 손잡이를 만들었다. 손잡이는 군대에서 쓰는 삐삐선(전화선)으로 만들었는데, 굵고 질겨서 인기가 좋았다. 깡통 안에 나뭇조각을 넣고 불을 붙여서 손잡이를 잡고 뱅글뱅글 돌리다가 하늘 높이 던지면, 불씨가 쏟아지는 하늘이 참 예뻤다. 다만 문제는 동네 아이들이 쥐불놀이하는 곳이 남숙과 형우네 집 바로 뒤 호박밭 공터라는 거다.

첫째 아들 인구와 둘째 딸 도영은 집 뒤 호박밭 공터로 갔다. 동네 아이들에게 다른 데 가서 쥐불놀이하라고 했다. 혹시라도 깡통을 잘못 던져서 불씨가 초가지붕에 떨어지면, 집이 다 타버릴 것이기 때문이다. 아이들은 말을 잘 듣지 않았다. 까불까불 약 올리며 계속 깡통을 돌렸다. 인구는 열이 받았다. 그때 한 아이가 인구 코앞에 다가와서는 "여기서 해"라고 말했다. 맞짱을 뜨자는 거다. 인구는 그 말을 듣자마자 아이의 따귀를 때리고, 발로 걷어찼다. 아이가 호박밭 공터를 데굴데굴 굴렀다. 흙투성이가 된 아이는 엉엉 울면서 엄마를 찾았고, 다른 아이들은 겁을 먹고 도망갔다. 아이는 더는 덤비지 않고 집으로 갔고, 크게 다치지는 않은 것 같았다. 그걸 본 인구는 속으로 안심했다. 뼈라도 부러졌으면 남숙에게 혼쭐이 날 것이기 때문이다.

아이들을 멀리 쫓아버리고 집으로 돌아온 인구는 도영에게 잣 점을 봐준다고 했다. 속껍질을 벗겨낸 잣을 바늘에 끼운 다음, 잣에다가 불을 붙이는 거다. 인구는 도영에게, "이건 오빠 잣이야 잘 봐"라고 했다. 불이 곱게 잘 탔다. 도영은 신기했다. 인구는 도영에게 잣을 고르라고 했다. 도영이 고른 잣을 바늘에 끼우고 불을 붙였다. 불길이 세고 불꽃이 옆구리로 퍼졌다. 그걸 보고 인구는 "이것 봐 성질이 더러우니까 잣 불도 곱게 안 타잖아"라며 도영을 놀렸다. 그러고는 오늘 자면 눈썹이 하얗게 세니까 절대로 자면 안 된다고 겁을 줬다. 도영은 버티다가 결국 잠이 들었고, 다음 날 아침 눈을 뜨자마자 거울 앞으로 달려갔다. 눈썹이 정말 하얗게 변해 있었다. 도영은 엄마를 부르며 울었다. 눈물을 막 닦아내는데, 손에 하얀 게 묻었다. 밀가루였다. 검정 눈썹이 나오니까 도영은 안심이 돼서 눈물이 더 났다. 인구와 남숙은 그 모습을 보고 배꼽이 빠지도록 웃었다.

어느 날 남숙은 도영의 손을 잡고 동사무소에 갔다. 동네 사람들은 재산세를 내는데, 자신만 내지 않고 있다는 게 이상해서다. 직원은 남숙에게 초가집에 사냐고 물었다. 남숙은 그렇다고 대답했다. 수도국산 달동네에서 남숙네는 유일한 초가집이었다. 직원은 초가집에 살면 재산세가 3원 정도밖에 안 나오기 때문에 그냥 가도 된다고 말했다. 3원이면, 그 당시 도영이 학교 앞 문방구에서 사던 삼영노트사 공책 한 권 정도의 값이다. 남숙은 지붕을 바꾸기 전까지 재산세를 내지 않아도 되었다.

70년대에 들어 정부에서는 초가지붕을 슬레트(슬레이트)나 기와로 바꾸는 사업을 진행했다. 형우는 해가 갈수록 짚을 엮어 지붕을 올리는 게 힘이 들던 차에 나라의 지원도 있다고 하니, 지붕을 새로 하기로 마음먹었다. 슬레트는 깔끔하고 편리하지만, 여름에 덥고 겨울에 추웠다. 형우는 고민하다가 시멘트로 찍어낸 회색 양기와를 지붕으로 올렸다. 기와의 무게를 못 이기고 흙벽돌이 무너질까 봐 걱정했는데, 거뜬했다. 남숙과 형우가 버무리고, 햇볕에 잘 말려 쌓아 올린 흙벽돌은 아주 튼튼했다.

시간이 한참 지나 뉴스에서 석면으로 만들어진 슬레트가 1급 발암

물질로 호흡기를 통해 폐에 들어가면 상당히 위험하다는 소식이 전해졌다. 70년대에 슬레트는 지붕 재료로도 많이 쓰였지만, 고기 굽는 불판으로도 사용되었다. 슬레트 밑에 돌을 궤고 장작으로 불을 지피면, 슬레트가 뜨거워졌다. 잘 달궈진 슬레트 위에 삼겹살을 구우면 돼지기름이 쏙 빠져 담백하게 삼겹살을 먹을 수 있어서 인기가 좋았다. 인구는 냇가에 놀러 갈 때마다 사각 슬레트 판을 챙겨가던 기억이 떠올라 섬뜩했다. 도영은 그래도 우리가 흙으로 만든 집에서 살아서 다행이라고, 굼벵이가 떨어지는 초가지붕에 살아서 슬레트에 삼겹살 구워 먹었어도 건강한 거라고 말했다.

인구는 도영의 말이 맞는다고 생각했다. 그리고 평생토록 가장 안전하고 튼튼한 지붕이 되어준 남숙과 형우가 고마웠다.

사진 한 장에서 발견한 이름,
일찍 가버린 호성

## 남숙과 형우의 수양아들

남숙은 수도국산 언덕 너머 터를 다듬는데 송장이 나왔다는 소문을 들었다. 무서웠지만, 궁금해서 언덕을 넘어 그곳에 가보았다. 사람들이 웅성대며 둘러싸여 있고, 그 가운데 널이 꺼내어져 있었다. 소름이 돋았다. 자신의 집터에서도 시체가 나올까 봐 두려웠다. 남숙은 동인천 역전에서 여인숙을 하는 동생 혜숙의 집으로 도망을 갔다. 심장이 벌렁거리고 가슴이 뛰었다. 그런 남숙에게 혜숙은 "성, 터 다듬어 놓은 데서는 안 나왔잖아 괜찮아 성"하면서 안심을 시켰다. 남숙을 항상 '성'이라고 부르는 혜숙은 대범하고 당찬 구석이 있었다.

혜숙은 영종 출신 남자와 혼인했다. 남자네는 집도 으리으리하게 크고, 마당에 저수지가 두 개나 있을 정도로 넓은 땅을 갖고 있었다. 가족과 친척들은 서울에서 대학을 나왔고, 머리가 좋았다. 영종 남자는 면 사무실에서 서기를 하고 있었는데 착하고 유식했다. 혜숙은 이 남자를 놓치기 싫었다. 둘은 살림을 꾸리며 동인천으로 넘어와 역 앞에 여인숙을 하나 차렸다.

동인천역에 차가 정차하면 사람들이 잔뜩 쏟아져 내렸다. 봄이면 구경한다고 경상도 전라도 같은 먼 데서 구경꾼들이 많이 몰려왔다. 고향에서 암만 일찍 출발한대도 차를 타고 서울을 거쳐 인천에 도착하면 시간이 늦었다. 하루 만에 구경을 마치고 돌아가기는 시간도 빠듯하고 아쉬워서 숙소를 잡아야 했다. 그런 손님들을 꼬이려고 동인천역 광장에 여인숙 여자들이 왔다 갔다 했다. 혜숙은 여인숙 이름을 크게 적은 박스를 목에 걸고, 광고했다. 손님을 뺏기지 않으려고 악착같이 달려들어 끌어들였다.

그해 남숙과 혜숙은 둘 다 아이를 낳았다. 남숙은 형우와 혼인하고 10년 만에 얻게 된 첫 아이라 더없이 귀했다. 형우의 누이는 남숙더러 애도 못 낳는 여자라며 구박을 해댔고, 그때마다 수양아들 호성이 들일까 봐 가슴 졸이기도 했다. 호성은 남숙과 형우가 수양아들 삼은 혜숙의 아이다. 1947년에 태어나, 남숙과 형우의 첫 아이 인구보다는 8살이 많다. 혜숙이 스무 살 무렵에 남자를 하나 사귀어 아이를 가졌는데, 남자는 한국전쟁에 나가 돌아오지 못했다. 혜숙은 막막했다. 그리고 영종 출신 남자와 새 시작을 하고 싶었다. 남숙은 동생의 아이를 데려다 키우기로 했다. 그 아이가 호성이다.

호성은 동명국민학교(초등학교)를 다녔다. 일반 국민학교도 못 보낼 정도로 찢어지게 가난한 사람들이 아이를 맡기는 곳이었다. 육성회비도 못 내고, 도시락도 싸 들고 가지 못할 정도로 형편이 어려운 집 아이들이 대부분이었다. 학교에서는 아이들 굶지 말라고 종종 쌀밥과 새우젓을 줬다. 호성은 공부에 흥미가 없었다. 매번 책가방을 내팽개치고 놀러 다니기 일쑤였다. 남숙이 야단을 치면 굴뚝 밑에 쑤셔놓은 책가방을 들고나오기도 했다. 수업 일수가 한참 모자랐는데 다행히 동명 학교를 졸업하고 라이터 공장에 취직했다.

배다리에서 송림로터리 방향으로 가다 보면, 송림초등학교 옆에 우물이 있었다. 우물 옆으로 난 골목으로 들어가면 라이터 공장이 있고, 조그만 대폿집도 있었다. 호성은 그 라이터 공장에서 도금 기술자로 일했다. 사각형의 금속 라이터에 노란색 신쭈(신주, 황동)를 씌우는 거다. 갓 도금해서 나온 라이터는 황색인데, 사용할수록 손의 땀이 배 시커멓게 변했다. 호성은 금속 라이터를 까만색으로 도금하고 금방 벗겨지지 않는 기술을 개발했다. 업계에서 이름을 알리고 돈도 제법 벌었지만, 가난한 남숙네서 그 돈은 밑 빠진 독에 물 붓기였다.

어느 날 남숙의 둘째 딸 도영이 "오빠 나 잠자리가 갖고 싶어"라고 말했다. 호성은 마당에서 쓰는 싸리비(싸리 빗자루)를 챙겨 들고 도영의 손을 잡았다. 둘은 가파른 언덕을 조금 내려가 경동네 앞마당으로 갔다. 동네에 너른 공터였는데, 바로 앞집이 경동네라 사람들이 '경동네 앞마당'이라고 불렀다. 잠자리들이 새까맣게 떼 지어서 바글바글 날아다녔다. 호성은 싸리비를 높이 쳐들고 마구 휘둘렀다. 싸리 사이사이에 잠자리들이 꼈다. 호성이 잠자리를 하나씩 빼서 도영의 손가락 사이에 끼워주었다. 엄지와 검지 사이에 한 마리, 검지와 중지 사이에 한 마리, 중지와 약지 사이에 한 마리, 약지와 소지 사이에 한 마리. 양손 다해서 총 여덟 마리의 잠자리를 갖게 된 도영은 동네 아이들에게 뛰어가 자랑했다. "야~ 잠자리 봐라. 우리 오빠가 잡아줬다." 그러면 아이들이 여기저기서 "나도 한 마리 줘, 나도 한 마리 줘"라고 했다. 도영은 손가락 사이를 하나씩 벌려, 아이들에게 한 마리씩 나눠줬다. 호성이 오빠가 잡아준 잠자리를 한 마리라도 놓칠세라 아이들에게 날개 잘 잡으라고 단단히 말했다. 잠자리 여덟 마리를 아이들에게 다 나눠주고 도영은 집으로 뛰어간다. 호성이 도영에게 잠자리 다 어떻게 했냐고 물으면,

친구들 나눠줘서 없다고 또 잡아달라고 한다. 그러면 호성은 싸리비와 도영의 손을 잡고 다시 잠자리를 잡으러 갔다. 도영은 몸이 약하고 자주 아파 동네 아이들과 어울려 놀 기회가 적었다. 호성은 두 번이고 세 번이고 그런 도영을 위해 잠자리를 잡아줄 수 있었다.

호성은 자신의 발등 위에 도영의 두 발을 올려놓았다. 양손을 마주 잡고 뒤로 갔다가 앞으로 갔다 하며 한 발 한 발 춤을 추듯 걸었다. 도영은 항상 재미나게 놀아주는 호성이 오빠가 좋았다. 그날도 호박밭으로 올라가는 호성을 보고 반가워서 달려갔는데, 어딘가 이상했다. 호성이 배를 움켜잡고 인상을 찌푸리고 있었다. 도영이 배가 아프냐고 물었는데, 순간 호성의 주머니에서 약병 하나가 떨어졌다. 빨간색에 해골이 그려진 약병을 보자마자 어린 나이였음에도 아주 위험한 상황이라는 걸 직감했다. 도영은 그 병을 주워들고 남숙에게 달려갔다.

그게 도영이 호성을 본 마지막이다. 형우는 혼자 호성을 화장하고 왔다. 술에 잔뜩 취해서 수도국산 언덕을 다 올라오지 못하고, 경동네 앞마당에 주저앉았다. 몸을 가누지 못한 채로 짐승의 울음처럼 소리 내 울었다. 그 소리에 놀란 동네 사람들이 나와서 울고 있는 형우를 보았고, 경동이 엄마가 달려와 남숙에게 알렸다. 한 번도 큰소리 낸 적 없는 사람이었다. 말수가 적고 얌전하고 남에게 흉잡힐 일도 해본 적 없는 사람이었다. 형우가 호성을 보내고 마음이 아파 가슴을 주먹으로 치며 울음을 토해냈다. 남숙과 인구와 도영이 내려가 형우를 부축해서 집으로 데려왔다. 얼마 지나지 않아 수도국산 저 언덕 너머에 호성과 연애하는 여자가 있었다고, 그 여자

집에서 둘을 심하게 반대했다고, 호성이 약을 먹은 걸 알고 여자도 따라서 약을 먹었다고, 쓰러진 여자를 일찍 발견해 목숨은 건졌다는 소문이 뒤늦게 도착했다.

어린 도영은 죽는다는 의미를 어렴풋이 알았지만, 잘은 몰랐다. 호성이 오빠가 어디 갔는지 궁금했지만, 그땐 차마 물을 수 없었다. 며칠 뒤 상규의 돌잔치 사진이 도착했다. 사진에 호성이 있었다. 호성의 얼굴이 담긴 유일한 사진이 상규의 돌잔치 사진이라는 게 슬펐다. 새삼 기억에서 잊혀가는 이름을 사진 한 장에서 찾아낸다. 호성에 대한 저마다의 기억을 모아본다. 잘못한 게 없는데도 부끄러워 꺼내지 못했던 말들이 수십 년이 지난 지금에서야 도착한다. 남숙과 인구와 도영이 먼 기억을 더듬어 호성을 이야기한다. 우리가 함께 살았다는 증거가 여기 있다.

갯가에서 길을 잃지 않으려면

## 남숙의 동생, 경수

1930년대 후반에서 1940년대 초, 남숙이 아주 어렸을 적이다. 남숙네 식구는 월미도에서 살았다. 월미도는 벚나무가 섬 전체를 둘러싸고 화초가 많아서, 봄이 되면 구경 오는 사람들이 많았다. 월미도에서 해수욕하고, 꽃나무도 즐기고, 사슴과 염소 같은 귀한 동물을 보러 외국 사람들이 많이 왔다. 어떤 귀경꾼(구경꾼)은 남숙네 집을 보고 부러워했다. 집 뒤에 벚나무가 두 그루, 집 앞에도 벚나무가 두 그루 있어서, 봄이 되면 벚꽃투성이였다. 벚꽃에 가려 집은 하나도 보이지 않았다. 꽃 속에서 사니까 얼마나 좋냐는 부러움이 가득한 말을 들었다. 남숙은 벚나무도 물론 멋있지만, 월미도의 으뜸 자랑은 뭐니 뭐니 해도 우물물이라고 생각했다. 월미도는 사면이 바다라 물이 짤 것 같지만, 그렇지 않았다. 월미산에서 내려오는 물이 아주 달고 맛있었다. 월미도를 구경 오는 사람들은 우물에 놓인 두레박으로 물을 길어 꼭 한 모금씩 시원하게 마시고 떠났다.

해방 후, 월미도에 미군 부대가 들어오고, 남숙은 미군의 옷을 빨아주고 돈을 받았다. 남숙이 꼼꼼하고 야무진 손으로 옷을 깨끗하게 빨래하니, 한 번 옷을 맡긴 미군은 계속 맡겼다. 미군의 옷을 빨아주고 돈을 받는 다른 여자들은 남숙이 꾸준하게 일거리를 받고 돈을 버는 꼴에 배가 아팠다. 왜 너 혼자 일감을 얻고 독차지를 하느냐며 손가락질하고 욕을 했다. 남숙은 억울했지만, 꾹 참고 빨래를 했다. 그러다 한 번씩은 뒤집어엎고, 여자들과 한바탕했다. 남숙이 당하고만 있을 성격은 못 되었다. 남숙은 장녀였고, 밑으로 동생이 셋이나 있었다. 남숙은 어떻게든 돈을 벌어야 했다.

남숙이 미군의 옷을 빨아주고 돈을 버는 동안, 셋째 경수와 넷째 인순은 미군 부대를 들락날락했다. 미군 부대가 집 앞에 있어서 밥만 먹으면 나가서 그 앞에서 뛰어놀더니, 높은 지위의 미군 눈에 들어 이쁨을 받았다. 경수와 인순은 지프차를 타고 미군 부대 안에 들어가 신나게 먹고 놀다가 집으로 돌아오곤 했다. 그러던 어느 날 높은 지위의 미군이 집으로 찾아왔다. 미군은 양복 해 입는 옷감 두 필을 가져왔다. 미국에서 보내온 것이라고 했다. 경수에게 남자아이 신사복을, 인순에게 예쁜 원피스를 해 입히고 미국으로 데려가고 싶다고 말했다. 남숙의 엄마는 펄펄 뛰며 절대 안 된다고 했다. 하늘이 두 쪽이 나도 아이를 줄 수 없다고 했다. 그리고 경수와 인순에게 앞으로는 절대 미군 부대에 얼씬도 하지 말라고 했다. 경수와 인순은 엄마 앞에서는 알았다고 말해놓고 자주 거짓말하며 미군 부대 근처에서 놀았다. 달고 맛있는 사탕과 과자를 얻을 수 있었기 때문이다. 그것들을 입 안에 가득 넣고 녹여 먹는 사이, 경수와 인순은 미국 말도 제법 잘하게 되었다.

한국전쟁으로 월미도가 난리가 난 통에 가족이 뿔뿔이 흩어졌다가 전쟁 후, 인천으로 다시 돌아오니 월미도 들어가는 길이 막혀있었다. 남숙은 율목동 사촌 언니네 집으로 갔다. 그곳에서 가족들이 무사히 돌아오기를 기다렸다. 남동생 경수는 부산까지 피난을 갔다. 그리고 우연히 미군 부대에 들어가 통역 일을 하게 되었고, 인천에 돌아와서도 계속 미군 부대에서 일하고 있었다. 남숙은 초콜릿 먹겠다고 미군 부대 앞에서 놀다가 영어를 익히고, 미군 부대에서 돈을 벌고 있는 경수가 신기하고 기특했다. 그때 경수의 나이가 스물하나였다. 어려서부터 미군을 무서워하지 않던 경수는 미군 부대에서 일하면서 돈도 제법 벌고, 결혼해 아이도 얻게 되었다.

경수는 한가하면 낚시를 하러 갔다. 처음에는 혼자 다니더니, 남숙의 큰 아이 인구가 초등학교에 입학하고 나서는 데리고 다니기 시작했다. 경수와 인구는 낙섬으로 갔다. 낙섬에 옷을 다 벗어두고 팬티만 입고 갯벌에 들어가 걷기 시작했다. 연안부두 방향으로 한 시간을 걸어 들어가는 거다. 갯벌에는 조개 구멍이 나 있다. 콧구멍처럼 작은 구멍 두 개가 보이는 곳을 파면 상합조개가 나왔다. 조개껍데기가 반짝반짝하고 비단처럼 예뻤다. 갯벌에서 조개도 캐고, 망둥이 미끼로 쓸 갯지렁이도 구했다. 갯지렁이는 갯벌을 푹 파서 뒤집기만 해도 서너 마리씩은 꿈틀거리며 나왔다. 갯지렁이는 쉽게 구할 수 있지만, 물고기가 몇 번 씹으면 금방 흐물흐물해져서 자주 갈아줘야 했다. 때로는 갯지렁이 대신에 민챙이를 구해서 미끼로 쓰기도 했다. 사람 엄지손가락만 한 민챙이는 질겨서 바늘에서 잘 안 빠지고, 계속 사용할 수 있어서 좋았다.

연안부두 쪽으로 갯벌을 한참 걸어갈 때는 고랑을 확인해야 했다. 사리 때는 물이 멀리까지 빠져 멀리 나가서 물고기를 잡을 수 있지만, 물때가 바뀌어 빠졌던 물이 들어오면 순식간에 고랑부터 물이 차기 시작한다. 고랑에 물이 찬 줄 모르고 계속 낚시를 하면 결국은 잡은 고기는 다 버리고, 고랑을 헤엄쳐서 넘어가거나 물속으로 들어가서 걸어 나와야 한다. 어떤 경우든 아주 위험하다. 낚싯대를 물속에 넣기만 하면 망둥이가 나오니까 더 잡고 싶은 마음에 욕심을 부리면 큰일이 나는 거다.

한 번은 경수가 낚시하다가 인구에게 심부름을 시켰다. 인구는 들어온 갯벌을 되돌아나갔다. 한참 열심히 걸어가고 있는데, 뒤에서 경수가 소리를 지르며 달려왔다. 경수는 인구의 머리를 사정없이 쥐어박으며 어디로 가는 거냐고, 뒤지려고 환장했냐고, 그쪽은 송도 가는 길이라고 말하며 욕을 했다. 들어온 길의 반대쪽이었다. 계속 가다 보면 물이 들어와 죽는 거라고 말했다. 경수는 놀라서 낚싯대도 바다에 집어 던지고 맨손으로 쫓아왔다. 인구도 그날 매우 놀랐다.

경수는 인구에게, 바다에 들어가는 사람은 자기가 출발할 때 뭐가 있는지 잘 봐둬야 한다고 단단히 일렀다. 들어온 길을 되돌아보며 자기 등 뒤에 뭐가 있었는지 정확하게 기억하고 있어야 한다고 말이다. 바다에서 길을 잃지 않으려면 그 방법밖에 없다고 했다. 눈앞에 망둥이가 잘 잡혀서 신나더라도 늘 뒤를 보고 고랑에 물이 차진 않았는지 확인하며 움직여야 한다고. 낙섬에 벗어두었던 옷을 주워 입으며 경수가 인구에게 말했다.

"오늘 일은 누이한테 말하지 마라. 나 혼난다."

인구는 삼촌의 손을 잡고 집으로 돌아갔다.

별명을 기억하는 친구

## 도영의 어린 시절

1966년 남숙과 형우의 둘째 아이 도영은 송림국민학교(초등학교)에 입학했다. 1학년은 한 반에 66명씩 총 10개 반이 있고, 오전과 오후로 나뉘어 수업이 진행되었다. 1반부터 5반까지 오전에 수업하면, 6반부터 10반까지는 오후에 수업했다. 그다음 주가 되면 6반부터 10반까지가 오전에, 1반부터 5반까지가 오후에 수업하는 식이었다. 일주일마다 등교 시간이 바뀌었고, 도영은 가끔 헷갈렸다. 오후 수업인 줄 알고 학교에 갔는데 수업이 끝나 있어서 숙제만 확인하고 돌아온 적도 있었다. 아직은 학교생활이 낯설고 어려운 도영을 위해, 같은 학교 5학년인 인구가 도영을 곁에서 챙겼다.

도영은 학교가 재밌었다. 콩나물시루처럼 한 반에 바글바글한 아이들도, 여자아이들과 고무줄놀이를 하는 것도, 1학년 1반 김명희 담임선생님도 좋았다. 교과서를 읽는 것도 좋았다. 영희야 철수야 숨바꼭질하자 머리카락 보인다. 옷자락이 보인다. 큰 목소리로 노래도 불렀다. 송알송알 싸리잎에 은구슬 조롱조롱 거미줄에 옥구슬. 친구들과 어울려 한창 즐겁게 배울 때, 도영은 갑자기 아프기 시작했다.

도영은 법정 감염병을 동시에 앓았다. 백일해, 성홍열, 홍역 그리고 천연두까지. 어떤 병이 먼저 생기고, 낫고를 들여다볼 틈도 없이 여러 달 동안 쉼 없이 아팠다. 형우는 참외전거리에서 일을 마치면 바로 집으로 와, 도영을 등에 업고 만석동 의원을 오갔다. 의원은 가정집이 딸려있어서, 늦은 시간까지 진찰할 수 있었다. 도영은 주사를 하도 많이 맞아 엉덩이가 딴딴했다. 간호사는 도영의 작은 엉덩이에서 그나마 말랑말랑한 곳을 찾아가며 주사를 놓았다. 형우는 마르고 작은 도영을 업고 큼지막한 외투로 감쌌다. 체구가 큰 형우가 걸을 때마다 쿵쿵쿵쿵 진동이 느껴졌다. 말수가 적고, 매사 흥분하는 일 없이 순한 사람이지만 도영을 걱정하는 마음만큼은 숨기지 못했다. 찬바람을 조금이라도 덜 쇠이려고 형우는 걸음을 재촉했다. 도영은 형우의 넓고 따뜻한 등에서 그 마음을 느꼈다. 그리고 그 진동을 오래도록 기억할 것 같았다.

남숙은 도영에게 흰 쌀죽을 쑤어 먹였다. 멀건 죽에 간장과 김치 쪼가리만 겨우 얹어 먹는 도영을 볼 때마다 마음이 안쓰러웠다. 도영이 차도가 있고 몸을 조금씩 움직이기 시작하자 남숙은 이제 죽은 그만 먹자고 했다. 그리고 남숙은 도영을 데리고 설렁탕집으로 갔다. 배다리 문화극장 옆에는 설렁탕 가게들이 있었다. 가끔 도영이 인구와 함께 냄비를 들고 심부름 오는 곳이기도 했다. 설렁탕을 한 냄비 포장해서 집에 가져가면 온 가족이 배불리 먹을 수 있었다. 남숙과 도영은 가게 안으로 들어가 앉았다. 남숙은 도영에게 설렁탕 한 그릇을 다 먹을 수 있겠냐고 물었다. 도영은 뜨끈한 설렁탕 국물과 쌀밥을 보자 입맛이 돌았다. 어른용 설렁탕 한 그릇을 전부 먹을 수 있을 것 같았다. 도영은 정말 밥 한 공기를 설렁탕 국물에 말아 하나도 남기지 않고 다 먹었다. 그 모습을 보고 남숙은 놀랐다. 세상에 그 많은 걸 다 먹었다고, 그동안 못 먹어서 몹쓸 병에 걸렸다고 말하며 미안해했다.

건강을 회복한 도영이 다시 학교에 가게 된 날, 남숙은 도영에게 꽃을 쥐여줬다. 선생님 교탁 앞에 꽃을 놓아두고, 아이들과 잘 지내라고 당부했다. 도영은 1학년 1반으로 돌아왔다. 담임선생님과 친구들을 만나서 정말 좋았다. 고무줄놀이도 하고, 노래도 부르고, 영희와 철수 이야기를 읽으며 1학년을 잘 마칠 수 있었다.

창영초등학교에는 '전설'이 하나 있다. 옛날에 학교를 지을 때 커다란 구렁이가 한 마리 나왔는데, 용이 되기까지 하루가 남은 구렁이였다. 학교 소사가 그 구렁이를 죽이는 바람에 '저주'를 받게 되었고, 창영초등학교 아이들이 소풍 가는 날에는 어김없이 비가 내린다는 것이다. 인구는 이 전설을 도영에게 알려주며 말했다. 절대 창영초등학교가 소풍 가는 날과 겹치면 안 된다고. 자신도 송도 조개고개에 소풍 가는 날, 날짜가 겹치는 바람에 비가 와서 쫄딱 젖었다고. 도영은 이것과 비슷한 소문을 이미 학교 친구들에게 열 번 이상 들었다. 도영은 제발 창영초등학교와 같은 날에 소풍 가지 않게 해달라고 기도했다.

송림초등학교 도영네 학년 학생들은 김포 장릉으로 소풍 가게 되었다. 도영은 첫 소풍에 가슴이 설렜다. 소풍 때마다 몸이 아프거나 비용 마련이 어려워 참여할 수 없었기 때문이다. 도시락으로 김밥을 싸고, 사이다 유리병에 물을 담았다. 신문지를 똘똘 말아서 물이 새지 않도록 유리병 입구를 틀어막았다. 사과도 세 개 챙겼다. 출발할 땐 분명 날씨가 좋았다. 장릉에 도착하고 몇 시간 지나지 않아 하늘이 까매지더니 비가 내리기 시작했다. 민가로 달려 추녀 끝에 다닥다닥 붙어 비를 피해 보려고 했다. 하지만 600명이 넘는 아이들에게는 어림도 없었다. 선생님들은 장릉 일대를 돌아다니며 집을 빌렸다.

담임 선생님의 안내에 따라 도영네 반 아이들은 어느 집 안으로 들어갔다. 안방과 마루, 건넌방까지 아이들로 꽉 들어찼다. 옹기종기 붙어 앉아 가져온 도시락을 꺼내 먹었다. 간식까지 다 먹어도 비가 그치지 않았다. 선생님은 아이들에게 돌아가며 노래를 부르자고 했다. 지루한 분위기를 띄워보려는 거다. 아이들은 흥이 나지 않았다. 비가 와서 소풍을 망친 기분이었다. 이게 모두 창영초등학교가 소풍 가서 그런 거라며 투덜댔다. 도영은 가만히 앉아 졸았다. 오후 세 시쯤 비가 그쳤고, 버스를 타고 학교로 돌아갔다. 도영이 잔뜩 기대했던 첫 소풍이 이렇게 허무하게 끝났다.

초등학교 5학년 때 도영은 합창부에 들어갔다. 소프라노 음색이 곱고, 노래도 잘해서 인기가 좋았다. 한 번은 학예회를 하는데 합창부 모두 교복을 입고 무대에 서야 한다고 했다. 송림초등학교는 원래 교복이 없었다. 그해에 갑자기 생긴 거다. 세라복 카라에 넥타이가 있고 여자는 원피스, 남자는 반소매에다 반바지였다. 학교 앞 문방구에서 교복을 팔았는데, 가난한 집 아이들은 살 수 없었다. 도영은 친구에게 교복을 빌렸다. 품과 길이를 줄이려고 실로 살짝 떴다. 엉성한 차림으로 노래를 불렀다. 학예회를 마치고, 교복을 돌려줬다. 도영은 졸업할 때까지 교복을 사지 않았고, 그다음 해에 교복이 폐지되었다.

송림초등학교를 졸업하고 40년도 더 지나, 도영은 졸업생 온라인 카페를 알게 되었다. 앨범 게시판에는 졸업사진이 올라와 있었다. 교복을 입은 아이도 있고, 입지 않은 아이도 있었다. 사진을 보며 기억을 더듬어 본다. 도영은 동창회 모임에 나갔다. 어릴 때 얼굴이 어렴풋이 남아있어서 알아보긴 하겠는데, 도저히 반말이 나오지 않았다. 다른 애들도 마찬가지였다. 보다 못한 회장이 앞으로 나가 마이크를 잡고 말했다. "야! 존댓말 하지 마!" 그랬더니 다른 누군가가 "13살에 보고 50살이 넘어서 만났는데 그게 되냐?"며, 웃고 떠들었다. 그때 도영의 눈에 정훈이 들어왔다.

"야!! 꼬마 신랑!!"

도영이 부르자 정훈이 깜짝 놀라서 쳐다봤다. 정훈은 송림초등학교를 졸업하고 가족이 캐나다에 이민했다. 캐나다에서 생활하다가 문득 초등학교 친구들이 보고 싶어서 인터넷으로 검색했다. 졸업생 온라인 카페를 발견하고 정훈은 가슴이 두근거렸다. 같은 기수 졸업생들이 동창회를 한다는 소식을 듣고, 정훈은 비행기를 타고 한국에 날아왔다. 송림초등학교 다닐 때 피부가 하얗고 눈이 똥그랬던 정훈은 <미워도 다시 한번>, <꼬마 신랑>에서 아역배우로 출연한 김정훈과 이름이 같다는 이유로 별명이 꼬마 신랑이었다.

정훈의 별명을 아는 사람은 초등학교 친구들뿐이었다. 도영이 어릴 때로 돌아간 듯이 "야!! 꼬마 신랑!!"이라고 부르자 정훈은 순간 감격의 눈물을 뚝뚝 흘렸다. 정훈은 자기를 기억해주는 인천 친구들을 만나서 너무 기뻤다. 캐나다에서 한 번도 불린 적 없던 별명이었다. 40년 넘게 잊고 있던 별명을, 13살 때처럼 장난스럽게 불러주는 친구들을 만나서 정말 좋았다. 세상에 꼬마 신랑이라는 별명을 아는 사람들이 지금 이곳에 같이 있는 거다. 머리가 허옇게 늙어버린 남자가 눈물을 흘리는 모습을 보고 재밌어서 도영은 계속 장난을 했다.

"야!! 꼬마 신랑!! 꼬마 신랑!!!"

"그래 꼬마 신랑 왔다. 다 늙어서 왔다! 입분아"

"야 나 이름 바꿨어! 입분이라고 부르지 마!!"

친구들은 정훈과 도영을 보고 배꼽을 잡고 웃었다.

# 갑자기 사라진 여자들

## 남숙의 막냇동생, 인순

남숙의 둘째 동생 혜숙은 동인천 역전에서 남편과 여인숙을 했다. 혜숙은 여인숙 이름을 크게 적은 박스를 목에 걸고, 광고했다. 손님을 뺏기지 않으려고 악착같이 달려들었다. 광장에는 요깃거리를 파는 장사꾼들도 있었다. 혜숙은 빵떡 장수와 친하게 지내며, 가끔 술을 같이 마셨고, 그가 혼자라는 걸 알게 되었다. 빵떡 장수에게 스무 살을 갓 넘긴 막냇동생을 소개해주었고, 얼마 지나지 않아 둘은 혼인했다.

인순은 남숙이 애지중지하는 막냇동생이다. 25년생인 남숙과는 13살 차이로, 한국전쟁 때도 어린 인순의 팔과 자신의 팔에 끈을 묶어 잃어버리지 않도록 꼭 붙들고 다니던 동생이다. 남숙은 빵떡 장수가 마음에 들지 않았지만, 둘이 서로 좋아해서 어쩔 수 없었다. 동인천 축현파출소와 철길 사이로 난 골목길 끝에 신혼집을 마련했다. 여관이 두세 채 정도 있었고, 밀주 만드는 곳도 있었다. 나라에서는 사람이 먹을 쌀이 부족하다는 이유로 누룩을 제조하는 것을 금지했지만, 사람들은 몰래 막걸리를 만들었다. 남자는 빵떡 파는 일을 그만두고, 농기구 수리하는 일을 시작했다. 농약을 뿌리는 분무기 따위의 도구들을 집 앞에 늘어놓고 손님을 기다리기도 했지만, 주로 촌에 찾아다니며 일감을 구했다. 딸 하나, 아들 하나를 낳아 식구가 늘었다. 남자는 술을 많이 마셨고, 술을 마시지 않은 날에도 인순을 때렸다. 남숙은 아들 인구더러 가끔 인순이 이모를 살펴보고 오라고 했다.

인구는 학교가 끝나면 집에 가방을 내려놓고 바닷가로 놀러 나갔다. 수도국산 달동네에서 걸어서 동인천으로 갔다. 자유공원으로 올라갔다가 하인천역 쪽으로 내려가면 인구의 놀이터가 나온다. 하인천역에서 올림푸스 호텔 언덕 밑으로는 고깃배가 드나드는 부두가 있었다. 배가 정박해 있으면, 아이들은 어선 끄트머리에서 바다로 다이빙을 했다. 헤엄쳐서 바로 다시 배 위로 올라와서 또 온갖 기괴한 포즈로 다이빙하고 노는 거다. 물 때가 조금, 무시, 일물, 이물 정도일 때는 고기 배들이 바다에 잘 나가지 않았다. 바닷물이 들어오지도 나가지도 않고 가만히 있으면, 물고기들도 가만히 있다. 그런 날에는 그물을 던져도 고기가 잘 잡히지 않기 때문에 어부들은 물 때에 따라 바다를 드나들었다. 인구는 물 때가 무엇인지 잘 알지는 못했지만, 바다의 상태에 따라 어선 위에서 다이빙하며 놀 수 있는 시간이 달라진다는 건 알았다. 그래서 놀 수 있을 때 최선을 다해서 바다에서 놀았다.

햇볕에 옷을 말리며, 다음으로 인구가 가는 곳은 만석동이다. 인천 판유리 공장에 가서 모래를 퍼가기 위해서다. 모래는 아주 고왔다. 입으로 "후-"하고 불면, 후루룩 날아갈 정도로 아주 고왔다. 그 모래를 신발주머니 같은데 퍼담아 집에 가지고 가면, 남숙은 그걸로 그릇을 닦았다. 지푸라기를 꾸깃꾸깃 동그랗게 만들어서, 빨간색 말표 이뿐이 비누에 문지른 다음 모래를 찍는다. 양은이나 스테인리스 그릇을 모래와 비누를 찍은 지푸라기로 박박 문질러 닦으면 반짝반짝 광이 났다. 동네 여자네 집에 놀러 가 부엌 선반 위에 반짝반짝 빛나는 그릇이나 냄비를 보면, 인천 판유리 공장에 다녀왔다는 것을 알 수 있었다. 인구는 무겁지 않을 만큼의 모래를 담아 들고 집으로 되돌아가다 동인천 인순 이모네를 들른다. 인순의 얼굴과 몸에는 자주 멍이 들어 있다. 인구는 오래 머무르지 못하고, 서둘러 집으로 갔다.

한동안 인순의 소식이 들리지 않자, 남숙은 불안했다. 걱정돼서 동인천으로 찾아갔다. 문밖에서 불러도 기척이 없었다. 들어가 보니 인순의 손과 발이 묶여 있었다. 남숙은 눈이 뒤집혔다. 너무 화가 났다. 끊을 수 있는 모든 도구를 꺼내와 인순을 풀어주었다. 온몸에 피멍이 들고, 상처투성이였다. 남숙은 인순을 송림동 자기 집으로 데려와 씻기고 죽을 해 먹였다. 너무나 아끼는 막냇동생이었다. 전쟁 때 잃어버릴까 봐 노심초사하며 보살피고 같이 피난 다녀온 아이였다. 이럴 거면, 어릴 때 미국에 입양을 보내는 게 나았을 걸 하는 후회도 밀려왔다. 너무 속상해서 다시 그 집으로 되돌려보내고 싶지 않았던 남숙의 마음과 달리, 인순은 몸을 추스르고 동인천 집으로 돌아갔다. 그리고 몇 년을 더 그 남자와 같이 살았다.

어느 날 인순이 사라졌다. 동인천 집, 골목의 한 여관에서 조바로 있던 여자도 같이 사라졌다. 남자는 수도국산 남숙의 집을 찾아와 마구 뒤졌다. 내 마누라 내놓으라며 소리를 지르고 물건을 헤집어 놓았다. 그곳엔 당연히 인순이 없었다. 남자는 남숙이 와룡 회사에서 퇴근하는 길목을 지키고 있다가 갑자기 나타나 욕을 퍼붓기도 했다. 술에 잔뜩 취해서 제 몸도 못 가누고 인순이 어디 있는지 말하라고 했다. 남숙은 정말 몰랐다. 인순이 어디로 갔는지, 같이 사라진 여자와 어떤 사이인지 남숙은 정말 아무것도 몰랐다. 어디에 있든지 아프지 말고 건강하기만을 바랄 뿐이었다.

인구는 남숙 몰래, 동인천 인순 이모네를 찾아갔다. 다행히 남자는 집에 없었다. 초등학생인 딸 윤희와 두 살 터울의 동생 윤철만 집을 지키고 있었다. 인구는 윤희에게 공책을 건넸다. 공부 열심히 하라고, 모르는 거 있으면 언제든 자기한테 물어보라고 말했다. 그것 말고 다른 어떤 위로의 말을 해야 할지 인구는 잘 알지 못했다.

팔미도 야유회, 비어홀 뒤풀이

## 남숙의 일터, 와룡회사

1960년대, 40대인 남숙은 와룡회사에 취직했다. 와룡회사는 인천 동구 신흥동에서 '와룡소주'를 만들던 공장이다. 남숙은 이곳에서 소주병 닦는 일을 했다. 이 홉짜리 병, 사 홉짜리 병, 됫병까지 크기가 다른 병에 솔을 깊이 집어넣어 병을 깨끗하게 세척해야 했다. 말갛게 헹군 병에 술을 따랐는데 조금이라도 이물질이 끼어있는 것을 발견하면, 사정없이 내다 버렸다. 그만큼 청결이 중요했다. 남숙은 야무진 성격으로 꼼꼼하게 병을 닦았다.

화룡회사에는 일하는 사람이 제법 많았다. 남숙과 같이 일하는 여자들은 병을 닦고, 닦은 병에 술을 담고, 술병에 라벨을 붙이고, 공장을 청소하는 일들을 나눠서 했다. 사무실 직원들은 술을 대량으로 가게에 납품하고, 물건에 대한 셈을 하고, 직원에게 월급을 주는 일들을 했다. 사무실에서 급사(심부름꾼)로 일하는 임양은 남숙 옆에 꼭 붙어 다니며, 무슨 일이든 떠들어댔다. 한 날은 사무실 직원들의 식사를 해주던 여자가 갑자기 그만두는 바람에, 새로 사람을 구해야 한다고 했다. 사무실 직원들은 다른 사람들보다 일찍 나와서 아침과 점심을 회사에서 먹었는데, 당장 식사를 준비해 줄 사람이 없자 임양은 짜증 난다고 투정 부렸다. 남숙은 사람을 구할 때까지 자기가 아침에 조금 일찍 나와서 식사를 준비해주겠다고 말했다.

다음날 남숙은 아침 일찍 시장에 들러 장을 보았다. 식당 주방에는 솥이 세 개 있었다. 왼쪽에는 국 끓이는 솥이 있고, 가운데는 밥솥이 있었다. 나무를 때서 조선 솥에 밥을 안치면 냄새가 구수하고 맛이 아주 좋았다. 오른쪽 솥에는 물을 팔팔 끓여서, 필요한 곳에 더운물을 대주는 데 사용했다. 밥과 국, 조물조물 간장과 깨소금에 무친 나물 반찬이 사무실 직원들 입맛에 아주 잘 맞았다. 사장은 남숙에게 앞으로 식당에서 일해달라고 부탁했다. 남숙은 '맛이 있니, 없니' 하는 평가가 두려워, 사람을 구할 때까지만 하겠다고 했다. 사장은 사람을 구하지 않았다. 직원들은 남숙이 차려주는 음식을 매우 만족스러워했다. 남숙은 자연스럽게 오전에는 식당에서 음식을 하고, 점심시간 이후에는 소주병 닦는 일을 하게 되었다.

사무실 직원들은 종종 회식도 하고 야유회도 갔다. 임양이 이번 야유회 때는 남숙도 꼭 참여해야 한다고 신신당부했다. 사무실 직원들끼리 가는 야유회에 혼자 끼기가 어색하고 민망했다. 임양은 더 큰 목소리로 자꾸 부추겨, 남숙이 동행할 수밖에 없도록 만들었다. 남숙은 한복을 꺼내, 단정하게 나들이복으로 챙겨입었다. 배를 타고 도착한 곳은 팔미도였다. 팔미도에는 대한민국에서 최초로 지어진 새하얀 등대가 있었고, 관광객들에게 인기가 좋았다. 사람이 살지 않는 작은 섬이라 깨끗하고 박하지(돌게)도 많았다. 남숙은 양동이에 박하지를 잔뜩 담아오고 싶었지만, 직원들과 구경하고 사진을 찍는 통에 궤(게)를 주워 담을 수 없었다.

팔미도 구경을 마치고 배를 타고 육지로 돌아왔다. 남숙은 직원들과 숭의동에 있는 비어홀에 갔다. 사무실 직원인 김 씨는 기타와 피아노를 치는 연주자들에게 돈을 주고, 남숙에게 노래를 한 곡 하라고 했다. 남숙은 박자를 잘 못 맞춰서 노래를 부르기 싫다고 했다. 키가 쪼그맣고 예쁘장하게 생긴 피아노 연주자는 자신을 이미자라고 소개하더니, 자기만 믿으라고 했다. 피아노로 박자를 잘 맞춰줄 테니 걱정하지 말고 부르라고 했다. 떨리는 두 손으로 마이크를 잡고 나훈아 노래를 불렀다. 비어홀의 다른 테이블 손님들이 가까이 와서는 손뼉을 치고, 몸을 들썩였다. 남숙이 노래를 마치니, 여기저기서 환호를 보냈다. 김 씨가 장난을 치며, 어디서 노래를 배웠냐고 물었다. 남숙은 민망해서, 여자가 배울 데가 어디에 있냐며, 그냥 아무렇게나 부른 거라고 말하고는 목이 타서 맥주를 벌컥벌컥 들이켰다.

이튿날 출근하니 식당에 박스 세 개가 놓여있었다. 박스 하나를 열자 튀긴 닭 5마리가 있었다. 정종이 든 박스 하나와 와룡소주가 든 상자 하나에 남숙은 눈이 휘둥그레졌다. 좀 있으니 사장이 오더니, 남숙에게 주는 선물이라고 했다. 비어홀에서 노래를 부른 게 소문이 나서, 식당에서 재주가 썩는 게 아깝다고 야단이었다. 남숙은 극진히 대우해주는 직원들에게 고마웠다. 마침 이날 김 씨가 김포와 강화 쪽으로 배달 가야 한다며, 박스를 집까지 실어다 준다고 했다. 남숙은 저녁에 식구들과 닭튀김을 맛있게 먹을 생각에 기분이 좋아졌다.

박스를 실은 차가 송림동 집에 도착하니 동생 혜숙이 와있었다. 남숙은 가슴이 덜컥 내려앉았다. 박스의 내용물을 들키면 안 되었는데, 빼도 박도 못하게 되었다. 남숙은 자신의 엄마와 동생 혜숙에게 단단히 일렀다. 회사에 갔다 와서 술을 나눠줄 테니 절대 건들지 말라고 했다. 술병을 닦으면서도 걱정이 되어, 안절부절못했다. 남숙은 일이 끝나자마자 집으로 달려갔고, 혜숙은 이미 취해있었다. 그리고 남숙의 엄마가 머리에 피를 닦고 있었다. 술을 못 마시게 하자 혜숙이 술병으로 엄마의 머리를 친 것이다.

남숙은 배다리에 있는 병원으로 엄마를 모시고 갔다. 의사는 피부에 박혀 있는 유리 조각을 떼어내고, 상처를 치료해 주었다. 엄마는 며칠을 더 병원에 다녀야 했다. 혜숙은 한동안 오지 않았다. 남숙은 혜숙의 술버릇과 폭력에 화가 나면서도 한편으로는 그런 동생이 안쓰러웠다. 두 번이나 남편을 잃은 혜숙의 삶이 기구하게 느껴졌다. 남숙은 한숨을 쉬었다. 그리고 다시는 와룡 회사에서 술을 집으로 가져오지 않았다.

용감하고 무모한 혜숙

## 송림동에 살게 된 남숙의 동생, 혜숙

"성!!!"

혜숙은 남숙을 항상 '성'이라고 불렀다. 그 목소리가 크고 우렁찼다. 겁 많고 걱정이 많은 남숙과 달리 혜숙은 대범하고 당찬 구석이 있었다. 가끔은 용감하고 또 가끔은 무모했다. 특히 사랑에 대해서.

혜숙은 스무 살 무렵 한 남자를 사귀었다. 만난 지 얼마 되지 않아 아이를 가졌고, 이름을 호성이로 지었다. 남자는 한국전쟁에 나가 돌아오지 못했다. 혜숙은 아이를 혼자 키울 생각에 막막했다. 그러던 중 영종 출신 남자를 알게 되었다. 남자네는 집도 으리으리하게 크고, 마당에 저수지가 두 개나 있을 정도로 넓은 땅을 갖고 있었다. 남자의 가족과 친척들은 서울에서 대학을 나왔고, 머리가 좋았다. 영종 남자는 면 사무실에서 서기를 하고 있었는데 착하고 유식했다. 혜숙은 이 남자를 놓치기 싫었다. 아이가 있다는 사실도 숨기고 싶었다. 혜숙은 남숙에게 호성을 키워달라고 부탁했다. 남숙은 형우와 혼인하고 아이가 생기지 않던 터라 혜숙의 부탁을 들어주고, 호성을 수양아들 삼았다.

영종 출신 남자와 혼인한 혜숙은 동인천역 앞에 여인숙을 하나 차렸다. 성격이 싹싹하고 말솜씨가 좋아 손님이 끊이지 않았다. 1955년에는 아들 해성을 낳고, 3년 뒤에 딸 해인을 낳았다. 네 식구의 행복한 삶이 영원할 것 같던 그즈음 남자가 피를 토했다. 피를 쏟고 나면 얼굴이 하얘졌다. 의원이 여인숙을 찾았다. 주삿바늘을 꽂고 늑막(가슴막)에서 물을 뽑아냈다. 물을 빼내면 숨이 고르다가 며칠 지나면 다시 물이 차 숨을 제대로 쉴 수 없었다. 몸을 가눌 수 없었고, 밥도 혼자서 먹을 수 없었다. 사람을 써서 뱀을 잡아 고와 먹였다. 좋다는 건 다 해 먹였지만, 차도가 없었다. 집안 대대로 폐가 좋지 않아, 조상들이 폐병으로 죽었다는 말만 할 뿐이었다.

혜숙은 지쳤다. 남자고 아이고 내팽개쳐둔 채 술에 취해 누워 있는 날이 많아졌다. 남숙은 매일 혜숙을 찾아갔다. 잠이 든 혜숙의 빈 젖통을 물고 있는 해인을 달래고, 해성에게 죽을 쒀 먹였다. 남자가 죽고, 혜숙은 여인숙을 정리했다. 새로운 삶을 시작해보겠다며, 혜숙은 해성과 해인을 데리고 주문진으로 갑자기 떠났다.

혜숙이 인천을 떠나고 4년 만에, 송림동 집 대문을 열고 들어오며 외쳤다.

"성!!! 나왔어!!!"

예전의 크고 우렁찬 목소리로 남숙을 불렀다. 식구가 늘어 있었다. 키가 쑥 자란 해성과 해인이 옆으로 몸집이 크고 통통한 남자 하나와 네 살짜리 아이 하나가 같이 있다. 새 남편이란다. 주문진 시장에서 오징어 말리는 일을 하면서 남자를 만났고, 아이도 하나 낳았다고 했다. 남숙은 기가 찼다. 혜숙은 당분간 신세 좀 지자며 보따리를 마루에 내려놓고, 오징어를 꺼냈다. 주문진에서 가져온 반건조 오징어다. 며칠 더 말려서 먹으면 맛이 아주 좋다고 말하며, 마당 빨랫줄에 한 마리씩 널기 시작했다.

다음 날 혜숙은 하인천으로 갔다. 고기 부두에서 생선을 떼다가 다라(대야)에 담아 이고, 동네를 돌아다니며 팔기 시작했다. 여인숙을 할 때도 사람을 꼬이는 재주가 남달랐는데, 주문진에 가서도 오징어 말리고 바다 사람들과 어울리며 장사를 꽤 해 본 모양이다. 혜숙은 생선을 금방 다 팔고, 번 돈으로 소주를 사 먹었다. 그러고는 얼큰하게 취해서 송림동 집으로 되돌아왔다.

혜숙의 새 남편은 창호 목수였다. 나무로 창문을 짜는 기술이 아주 좋았는데, 마땅한 일자리를 구하지 못해 며칠째 집에만 있었다. 처형네 식구들에게 얹혀 지내기가 민망했던 차에 마루를 손보겠다고 했다. 흙과 시멘트만 발라놓아 꺼끌꺼끌한 마루 위에 나무를 놓겠다고 했다. 직접 나무를 사다가 대패질을 시작했다. 개비끼(그므개)라는 기술로 한쪽은 볼록하게 나오고, 한쪽은 쏙 들어가게 홈을 파 서로가 딱 맞도록 끼워 맞췄다. 나무로 된 마루가 틈새가 없이 딱 알맞았다. 남자는 시간이 오래 걸리더라도 차분하게 정성을 들여 작업을 해내는 성실한 사람이었다.

남숙은 해성을 데리고 송림초등학교에 갔다. 교장 선생을 찾아가 전학증을 보였다. 학급마다 인원이 많아, 아이 책상 하나 더 놓기 싫었던 선생들이 교장을 피했다. 성적표와 생활기록부를 본 교장은 해성을 가까이 오라고 했다. 머리를 쓰다듬고 등을 두드려 주었다. 공부를 어쩜 이렇게 잘했냐고 물었다. 우는 하나도 없었다. 전부 수였다. 교장의 행동을 본 담임들이 서로 자기네 반으로 데리고 가고 싶다고 했다. 교장은 그 자리에 없던 여자 선생네 반에 해성을 배치해주었다.

남숙의 아들 인구는 해성과 같은 송림초등학교 2학년이다. 인구도 공부를 제법 잘하는데, 전부 수는 아니었다. 인구는 해성이 공부를 어떻게 하는지 궁금했다. 항상 펼쳐보는 표준전과가 보고 싶기도 했다. 자신도 표준전과를 보면, 다 외워서 100점을 맞을 수 있을 것 같았다. 차마 남숙에게 사달라고 말할 수 없어서, 딱 한 번만 빌려달라고 부탁했다. 해성은 싫다고 했다. 인구는 자존심이 상하고 성질이 나서 방에 웅크려 앉아 울었다. 남숙이 인구를 보고 왜 우느냐고 물었다. 인구가 씩씩대며 해성이 표준전과를 안 빌려줘서 화가 났다고 했다. 남숙은 방비(빗자루)를 들었다. 사촌이랑 사이좋게 지내지는 못할망정 다툰다며 혼을 냈다.

인구는 평소에 어른들 말을 잘 들어서 맞을 일이 없었다. 학교에서 공부도 열심히 하고, 친구들과 사이도 좋았다. 형우가 일을 마치고 밤늦게 집에 들어와 돈을 주며, 쌀을 사 오라고 시켜도 군말 없이 쌀을 사러 뛰어갔다 왔다. 보름날 초가지붕 근처에서 쥐불놀이하는 아이들도 다 쫓아내고, 공동수도에서 물을 길어 오는 일도 도맡아 했다. 표준전과를 빌려주지 않은 건 해성인데, 오히려 자신이 혼나고 있는 것이 이해되지 않았다. 이 모든 상황이 혼란스럽고 어려운 건 인구도, 남숙도 마찬가지였다.

다음 날 해성이 인구를 불렀다. 인구는 부은 얼굴로 마당으로 나갔다. 해성은 어쩐지 미안하기도 하고 멋쩍어서, 빨랫줄에 널어놓은 오징어를 하나 떼어냈다. 오징어가 꾸둑꾸둑 잘 말라서 지금 먹어야 맛있다고 말했다. 해성은 연탄불에 오징어를 살짝 구웠다. 다리와 몸통 끝이 안쪽으로 조금 쪼그라들었다. 인구에게 오징어를 건넸다. 몸통을 찢어서 씹어보았다. 따뜻하고 맛있었다. 이렇게 맛있는 오징어는 처음이었다. 인구는 자기가 화가 났다는 걸 까먹고, 오징어를 맛있게 씹어 먹었다. 혜성도 같이 웃으며 오징어를 씹어 먹었다. 송림동 집 마당의 빨랫줄에는 오징어가 하나 사라졌고, 인구와 해성은 둘만의 비밀을 갖게 되었다.

# 남숙의 정성으로 살린 동생 경수

## 송림동에 살게 된 남숙의 동생, 경수

1971년 봄. 초저녁에 한 남자가 다급하게 대문을 열고 들어와 남숙을 찾았다. 남자는 간단하게 자신을 소개하고, 남숙의 동생 경수가 지금 중환자실에 누워 있다는 소식을 전했다. 교통사고였다. 트럭에 치여 뼈가 많이 부서졌고, 의식이 돌아오지 않는 상태라는 것이다. 소식을 듣고 남숙은 하늘이 노래졌다.

남숙에게 경수는 4남매 중 하나뿐인 남동생이었다. 배운 것 없고 가진 것 없지만, 제가 먹고살길 알아서 꾸려가는 영특한 동생이었다. 어려서 월미도 미군 부대를 드나들며 영어를 익히고, 한국전쟁 이후에는 미군 부대에서 통역 일을 하며 돈도 제법 모아 장가를 갔다. 결혼하고 나서는 서울 흑석동 중앙대학교 앞에서 구멍가게를 하며 아이 셋을 키웠고, 굶지 않을 정도로 벌이를 이어가던 터였다. 가끔 남숙이 아들 인구를 데리고 놀러 가면 깡통 햄과 소시지 같은 미군 부대에서 나오는 음식에 버섯을 넣고 달달 볶아서 미국식 요리를 맛보이곤 했다.

인구는 그 미국 요리가 아주 맛있었다. 구멍가게에 진열된 빵, 사탕, 초콜릿, 후레쉬 민트 껌보다 깡통 햄 볶음요리가 가장 맛있었다. 하지만 자주 먹을 수는 없었다. 깐깐하고 야무진 경수의 부인이 있을 땐 아무것도 얻어먹을 수 없었다. 경수의 사고 소식을 들었을 때, 인구는 앞으로 경수의 요리를 못 먹을지도 모른다고 생각했다. 눈물이 핑 돌았다. 초등학생 때부터 낙섬으로 데리고 다니며 낚시를 가르쳐주던 삼촌이었다. 바다에 들어갈 때 주위에 뭐가 있는지 잘 봐둬야 한다고, 고랑에 물이 차진 않았는지 확인하며 움직여야 갯가에서 길을 잃지 않는다고 알려준 사람이었다. 그런 삼촌이 사경을 헤매고 있다는 사실이 믿어지지 않았다.

인구 옆에서 동생 도영도 울었다. 도영은 바로 다음 날 강화 전등사로 6학년 마지막 소풍을 가기로 되어 있었다. 남숙은 도영에게 소풍비를 줄 수 없다고 했다. 김밥도 사줄 수 없으니, 소풍을 가지 말라고 했다. 어려서부터 몸이 약한 도영이 일 년 중 가장 기대하는 날이었다. 창영초등학교와 같은 날에 소풍을 가면 비가 온다는 전설이 있는데, 마침 내일은 겹치지도 않았다. 게다가 소풍을 빠지면 개근상도 못 받았다. 도영은 소풍을 보내 달라고 말도 꺼낼 수 없는 갑작스러운 상황이 너무 속상했다.

남숙은 아무것도 눈에 들어오지 않았다. 옷가지와 돈을 챙겨 서울로 갔다. 집 안에 유일한 외아들, 남동생 경수를 살리는 것 외에는 중요한 것이 없었다. 그날부터 서울과 인천을 오가는 남숙의 일상이 시작됐다.

동인천역 앞에는 한진 고속 터미널이 있었다. 1969년에 경인고속도로가 뚫리고 제일 처음 생긴 고속버스다. 고속버스는 동인천역 터미널에서 출발해 배다리를 지나 문화극장, 송림동, 가좌IC를 타고 서울역까지 갔다. 외국에서 들여와 생전 처음 보는 수입 버스들이 인천과 서울을 왔다 갔다 했다. 배다리 철길 아래서 신호를 기다리고 있는 고속버스가 취! 소리를 내며 출렁거리면, 아이들은 매우 신기해했다. 한진 고속이 생기고 얼마 지나지 않아 삼화고속도 동인천에 터미널을 만들었고, 인천과 서울을 오가는 사람들이 많아졌다.

남숙은 아침 일찍 경수가 입원해 있는 서울 적십자병원에서 서울역 한진 고속 터미널까지 10분 거리를 걸어갔다. 고속버스를 타고 동인천에 도착하면, 시내버스를 타고 와룡 회사에 일하러 갔다. 일이 끝나면, 동인천에서 고속버스를 타고 다시 서울 적십자병원에 가서 동생 병간호를 했다. 경수는 수술하고 의식이 돌아왔지만 6개월은 누워 있어야 했다. 남숙은 뼈가 붙는 데 좋다는 약과 음식을 수소문해 구하러 다녔다. 송림동에서 약을 잘 짓기로 소문난 이 약국에 가서 조제하고, 몸에 좋다는 미제 영양제를 찾아 양키시장을 돌아다녔다. 서울 적십자병원에서 6개월, 일반 정형외과에서 6개월 치료를 받고 퇴원한 경수는 부인과 아이들이 있는 집으로 돌아갔다. 그리고 퇴원한 지 며칠 만에 경수는 이혼했다.

"누이!!!"

경수가 송림1동 181번지 마당을 들어서며 큰 소리로 누이를 불렀다. 경수는 11살 첫째 딸과 8살 둘째 아들 그리고 4살 막내딸을 데리고 남숙네 들이닥쳤다. 빈털터리가 돼서 아이 셋을 데리고 몸만 왔다. 남숙은 기가 찼다.

1972년, 경수는 남숙네 방 한 칸을 빌려 아이 셋과 송림동 생활을 시작했다.

텔레비전 앞으로 모여들던 아이들

## 인구가 남숙의 속상함을 알게 되기까지

박치기왕 김일 선수의 레슬링 경기가 있는 날이면, 경동네 집은 동네 사람들로 바글바글했다. 텔레비전이 있기 때문이다. 수도국산 달동네에서 텔레비전이 있는 집은 선생네와 경동네 두 집뿐이었다. 동네 사람들은 선생네 드나들기를 조금 어려워했다. 어르신은 교장 선생이고, 아들과 며느리도 학교 선생이라 어쩐지 조심스럽고 교양을 갖춰야 할 것만 같았기 때문이다. 반면 경동이 엄마는 사람이 순하고 마음씨가 고와서 동네 여자들에게 인기가 좋았다. 경동네는 남숙네 바로 아랫집에 살고 있다. 남숙네 집 마당 앞으로 경동네 지붕과 굴뚝이 있었다. 대문을 열고 나가면 오른쪽 담장으로 경동네 집 창문이 나 있다. 창문으로 얼굴을 들이밀고 텔레비전을 조금이라도 보려고 안간힘을 쓰고, 엉덩이를 하늘로 높이 치켜든 아이가 하나 있었다. 남숙의 첫째 아들 인구다.

인구는 한 달에 한두 번 만화방에 갔다. 송림초등학교 후문으로 난 길에서 수도국산 방향으로 쭉 올라가다 보면 만화방이 있었다. 인구는 투견 만화를 좋아했다. 하얗고 동그란 눈알이 방울방울 달린 강아지의 큰 눈동자가 참 예쁘다고 생각했다. 그 초롱초롱한 눈이 다른 개와 싸울 땐 아주 날카롭고 맹렬하게 변했다. 이향원 만화가는 투견에 대한 이야기로 만화를 많이 그렸고, 나중에 야구 만화도 그렸다. 특히 신기했던 건 변화구다. 공이 날아오다가 타자 앞에 딱 멈춰서더니, 타자가 스윙하고 나면 공이 배트 사이로 빠져나가서 글러브에 쏙 들어가는 거다. 이 장면을 볼 때마다 가슴이 시원해지는 쾌감이 있었다. 인구는 한 권을 다 보면 다음 책을 보고 싶어서 남숙의 치맛자락을 잡고 졸랐다. 겨우 돈을 얻어내 만화방에 가면, 이곳엔 인구를 사로잡는 또 다른 재미난 거리가 있었다. 바로 텔레비전이다.

만화방에는 텔레비전이 있었다. 네 개의 나무다리가 달렸고, 자바라 형식의 여닫이 나무 문이 달린 모양이었다. 돈을 내고 먼저 들어온 아이들이 텔레비전 앞에 자리를 차지하고 바닥에 앉아있었다. 김일 레슬링도 보고, 권투도 보고, 만화도 봤다. 아이들이 많이 몰려온 날은 뒤에 서서 봐야 했는데, 머리 냄새가 지독했다. 땜통을 앓아 머리에 동그랗게 구멍이 난 아이들도 눈에 띄었다. 머리카락 사이로 기어가는 이, 입은 옷 재봉선 사이에 하얗게 앉은 서캐(알)들이 한 데 섞여도, 가려운 줄도 모르고 신이 나서 텔레비전을 봤다. 밤마다 손톱으로 이를 터뜨리고, DDT를 옷에 뿌려두어도 만화방에 와서 한바탕 섞이어 놀다 집에 돌아가면 소용이 없었다.

인구는 텔레비전이 너무 좋았다. 창문으로 새어 나오는 희미한 흑백 그림자와 소리만으로도 행복했다. 경동네 집에 들어가 텔레비전을 볼 용기는 나지 않았다. 지난겨울, 경동네 지붕에 떨어뜨린 연을 주우러 몰래 올라갔다가 경동이 아버지에게 걸려서 혼쭐이 났기 때문이다. 그 이후로는 경동이 아버지와 마주치지 않도록 살금살금 피해 다녔다. 경동네 담벼락 창문에 붙어 엿보는 게 최선이었다.

남숙은 와룡회사에서 일을 마치고 퇴근하는 길에 앞집 창문에 들러붙어 있는 인구의 꽁무니를 보자 화가 치밀어 올랐다. 당장이라도 '금성' 표가 붙은 흑백 텔레비전을 사오고 싶었지만, 너무 비쌌다. 남숙네 형편으로는 텔레비전을 살 수 없었다. 남숙은 괜히 구차해지고 비굴한 마음이 들었다. 속상하고 꼴 보기 싫어서 되려 인구를 야단했다. 소리를 높일수록 이상하게 미안함도 커졌다.

인구는 송림초등학교를 졸업하고 중학교에 입학하지 않았다. 등록금이 없었기 때문이다. 대신 옆집 창구형이 일하는 창영초등학교 등사실에서 심부름꾼으로 일했다. 등사실에서는 주로 시험지를 만들었다. 선생이 시험 문제를 만들어서 적어 보내면, 그 내용을 기술자가 등사원지에 다시 적었다. 등사원지는 8절지 정도의 도화지 크기로 기름종이처럼 얇았다. 철필로 시험 문제를 적고, 틀에 끼운 다음 잉크를 묻힌 로라를 굴린다. 그럼 맨 아래 있는 종이에 시험 문제가 적혀 나오는 거다. 전문 기술자가 이 작업을 하면, 인구는 종이를 반듯하게 정렬하는 일을 했다. 시험지를 추리는 일은 수작업으로 해야 했고, 자주 손을 베였다.

인구의 손은 종이에 베여 상처투성이였다. 그 손을 가만히 바라보고 있자 문득 서러워졌다. 이대로 계속 시험지를 만들며 지내고 싶지 않았다. 종이를 정리하는 일이 너무나도 무료하다는 생각과 함께 담배 심부름도 그만하고 싶었다. 이 손으로 앞으로 무엇을 할지는 모르겠지만, 당장은 또래 친구들처럼 연필을 쥐고 공부를 하고 싶다는 마음이 들었다. 인구는 6개월 만에 등사실 일을 그만두고, 중학교에 갈 준비를 시작했다.

먼저 중학교에 입학한 동갑내기들이 국민교육헌장을 외울 때 인구는 입학 준비를 했다. 그리고 그다음 해에 시은고등공민학교에 들어갔다. 1970년에는 지붕 개량 사업으로 송림동 집 초가지붕이 기와지붕으로 바뀌었고, 동네에 가전기기를 파는 외판원들이 돌아다녔다. 남숙네도 드디어 텔레비전이 생겼다. 외판원에게 월부로 산 거다. 가전 분야에서 인기가 좋은 '대한전선'표 텔레비전을 마루에 들여놓았다. 남숙의 남편 형우는 어쩌자고 이 비싼걸 사 왔냐고 야단이었다. 남숙은 자기가 부지런히 벌어서 다 갚을 거라고 말했다.

동네 아이들이 텔레비전을 보기 위해 남숙네 마루에 몰려들었다. 남숙의 둘째 딸 도영은 텔레비전 열쇠 담당이었고, 가끔 채널이 맞지 않으면 인구에게 안테나를 맞춰달라고 부탁하기도 했다. 인구는 지붕에 올라가는 일이 하나도 귀찮지 않았다. 지지직거리던 화면이 깨끗하게 맞춰지면, 집안에서 아이들이 환호를 보내왔다. 그 기쁜 환호 소리가 청량하게 들렸다. 마루와 안방에 가득한 동네 아이들을 보자 인구는 자신의 어릴 적이 떠올랐다. 차가운 바닥에 앉아 창문 틈으로 텔레비전을 훔쳐보는 아들을 바라보던 남숙의 마음을 이제야 이해할 수 있을 것 같았다. 인구는 혼을 내면서도 자신의 마음이 더 아팠을 남숙을 생각했다.

# 1968~1973,
# 인순과 선애의 떠도는 삶

### 다시 만난 남숙과 인순

어느 날 인순이 사라졌다. 인순의 남편은 동인천역 여인숙 골목을 샅샅이 뒤졌다. 어디에도 인순은 없었다. 남자는 인근 여관에서 조바로 일하던 여자도 같이 사라졌다는 사실을 알게 되었다. 송림동 수도국산 달동네에 사는 인순의 큰언니, 남숙의 집을 찾아갔다. 안방과 부엌, 광과 변소까지 구석구석 뒤졌다. 내 마누라 내놓으라며 윽박지르고 물건을 헤집어놓았다. 남숙은 냅다 소리를 질렀다. 그렇게 귀하면 진즉 아꼈어야지, 만날 묶어놓고 두드려 패니 사람 몸이 성하겠냐고 화를 냈다. 아주 잘 도망갔다고, 멀리멀리 가서 다시는 돌아오지 않았으면 좋겠다고 소리쳤다.

반은 진심이고, 반은 진심이 아니기도 했다. 남숙에게 인순은 아주 귀한 막냇동생이었다. 한국전쟁 때 월미도에서 문경까지 같이 피난 다녀오며 제 목숨처럼 아끼고 보살폈던 동생이다. 호기심 많고 말주변이 좋아 처음 만나는 사람과도 금세 친해지고 인기가 좋았다. 그런 동생이 술주정뱅이 빵떡 장수와 혼인하고, 잔인한 주먹질에 멍투성이 몸으로 살아간다는 게 너무 속상했다. 계속 곁에 두고 보고 싶은 동생이었지만, 차라리 잘 되었다고 생각했다. 어디서 누구와 살든 상관없었다. 아프지만 않기를 간절히 바랐다.

남숙의 아들 인구도 그랬다. 인구는 가끔 송림초등학교에서 수업을 마치면 인순의 집에 놀러 가곤 했다. 동인천역 앞 축현파출소와 철길 사이로 난 골목길, 그 끝에 있는 집이었다. 이모, 하고 부르면 만화방 가고 싶냐며 인구의 마음을 알아차리고는 용돈을 줬다. 어느 해 겨울에는 개울물이 꽁꽁 얼고, 바람이 매섭게 불 정도로 추웠다. 인구에게 두 발을 모아 오므려 앉혀, 양손을 꼭 잡으라고 했다. 그러고는 인순이 인구의 손을 잡고 빙판을 냅다 달리는 거다. 추운 줄도 모르고 얼음판을 쌩쌩 달리며, 조카와 겨울을 즐기는 개구쟁이 이모였다. 다정하고 장난기 많은 인순의 얼굴에 멍과 그늘이 졌던 날들을 떠올리며, 인구도 인순의 행복을 기도했다.

인순과 함께 동인천을 떠난 여자의 이름은 선애다. 완도에서 배를 타고 한 번 더 들어가야 나오는 작은 섬에서 1944년에 태어났다. 선애가 3살 때 여동생이 태어났고, 8살 때 엄마가 돌아가셨다. 아빠는 바로 새장가를 들었다. 새엄마는 4명의 자식을 데리고 왔다. 한 지붕 아래 어른 둘과 아이 여섯이 살게 되었다. 새엄마는 서울 부잣집에 가정부로 남편의 딸들을 보내자고 설득했다. 거기 가면 배는 굶지 않을 거라며. 자기가 인성 좋은 집을 알고 있다고 말했다. 서울에서 사람이 온 날, 동생은 고모 집에 놀러 가고 없었다. 동생은 키가 크고 덩치가 있었고, 먹성이 좋았다. 새엄마는 동생도 서울로 보내고 싶어 했지만, 배 시간 때문에 선애만 딸려 보냈다.

서울에서 식모살이하던 선애가 아무 연고도 없는 인천에 와서 살게 된 이유는 아무도 모른다. 동인천역 앞 여관에 조바로 일을 하게 된 건 17살 때다. 그 집에는 선애와 동갑내기 딸이 있었는데, 매일 아침 정갈하게 다려진 교복을 입고, 가방을 들고 학교에 갔다. 고등학교에 가는 모습이 부러워 선애는 자주 그 뒷모습을 바라보곤 했다.

1960년 선애가 17살 나이일 때 23살인 인순은 첫째 딸 윤희를 낳았고, 2년 뒤에 아들 윤철을 낳았다. 인순은 집을 오갈 때마다 같은 골목길에 있는 여관에서 일하는 선애와 마주쳤고, 둘이 언제부터 인사를 주고받았는지는 모른다. 어떤 속 깊은 이야기를 나누었는 지, 언제부터 서로에게 위로가 되어주었는지는 둘만이 알 뿐이다. 1968년 인순과 선애가 사라졌다.

선애는 인순을 데리고 자신의 고향으로 갔다. 아빠와 새엄마 집에 머무르며 멸치 장사 일을 도왔다. 새엄마는 계속 눈치를 주며 구박했다. 오래 있지는 못할 것 같았다. 둘은 살 궁리를 했다. 완도에서 질 좋은 미역과 김을 저렴한 가격에 떼서 서울에 가져가 팔기로 했다. 오류동 시장에 작은 가게를 하나 마련해 장사를 시작했다. 선애는 새엄마와 자꾸 부딪히고 싶지 않아서, 물건을 때 오는 일은 인순이 맡게 되었다.

인순이 완도에 내려가 배를 타고 섬에 들어가서 물건을 해오는 데 1박 2일이 걸렸다. 서울에서 완도까지 내려가서 배를 타고 들어가는 데 하루가 걸렸고, 하룻밤 자고 다음 날 아침 물건을 해서 배를 타고 나와 서울로 올라오는데, 또 하루가 걸렸다. 그러다 문제가 생겼다. 한 번은 물건을 배에 싣고, 육지로 가는 중에 배 주인이 바다 한가운데 배를 멈춰 세웠다. 배 주인이 자기 배를 직접 운전했는데, 배에 탄 사람은 인순 뿐이었다. 그는 여러 번 물건을 해가는 인순을 지켜보았고, 섬에서 같이 살자고 말했다. 배 위에 두 사람이 쫓고 쫓기는 시간이 계속되었다. 인순은 꾀를 내었다. 자기가 서울 큰 회사에 물건을 납품하는 사람인데, 지금 확인하러 사람들이 부둣가에서 기다리고 있을 것이라고. 그걸 확인시키지 않으면 배를 구해 경찰이 들이닥칠 테니, 업무를 마무리하고 이야기를 계속하자고 타일렀다. 그는 알았다고 했다. 인순은 육지에 배를 대자마자 도망을 갔다. 그 이후로 오류동 시장에서 미역과 김 파는 일을 그만두었다.

인순과 선애는 서울 마포로 갔다. 방 하나가 딸린 작은 가게를 하나 얻어 만두 장사를 시작했다. 선애는 손이 아주 야무졌다. 성격도 꼼꼼해서 음식을 아주 예쁘고 보기 좋게 잘 만들었다. 장은 경동시장에서 봤다. 무말랭이를 2~3일 물에 푹 불려 총총 썰어서 돼지기름을 섞어 속 반죽을 하면, 고기 씹는 것처럼 식감이 아주 좋았다. 밤에 만두를 만들어 놓고, 새벽에 일어나 푹 쪘다. 김이 모락모락 나고 뜨끈뜨끈한 만두는 한 번 먹어본 사람을 꼭 다시 찾게 했다. 만두를 남기는 날이 없을 정도였다.

인천을 떠난 지 5년이 지났다. 인순은 동기간 소식이 궁금해졌다. 기별을 넣고 며칠 지나지 않아 바로 위의 오빠 경수와 큰언니 남숙이 찾아왔다. 경수는 오자마자 진열된 만두를 길바닥에 던져버렸다. 냄비며 그릇이며 다 집어던지고, 바닥에 떨어진 만두를 발로 짓이겼다. 계집애들이 뭐 하는 짓이냐며 당장이라도 때릴 기세였다. 남숙이 경수를 막았다. 교통사고 나서 죽어가는 놈 살려놨더니 어디 지금 막냇동생한테 와서 화풀이냐고, 인순이가 뭘 잘못했냐, 육갑 떨지 말라며 세게 다그쳤다. 남숙은 인순이 살아서 연락을 준 것만으로도 좋았다. 정말 멀리 가서 영영 못 보면 어쩌나 걱정했던 인순을 이렇게 다시 만난 것만으로도 너무 기뻤다. 다른 것은 아무것도 바랄 게 없었다. 남숙은 인순과 선애를 꼭 안아주었다.

## '뺑뺑이'가 다 무슨 소용

## 가난의 무게를 나눠진 인구와 도영

오른쪽으로 두 번, 왼쪽으로 한 번. 그러면 은행알 하나가 물레 밖으로 툭 떨어져 나왔다. 뺑뺑이를 말하는 거다. 1968년 12월 초등학생들에게 국민교육헌장을 외우라고 하더니 어느 날 갑자기 문교부에서 중학교 평준화 계획을 발표했다. 1969년 2월 서울을 시작으로 1970년에는 대도시에서, 1971년에는 전국적으로 중학교 무시험 전형이 시작되었다. 시험성적에 따라 결정되던 중학교 입학이 수동식 추첨기를 돌려 배정받는 방식으로 바뀌었다. 아이들은 '뺑뺑이'라고 불리는 물레 모양의 추첨기를 돌리고, 그 결과에 따라 희비가 엇갈렸다.

1972년 2월 송림초등학교 6학년 아이들이 물레 앞에서 앞으로의 3년을 힘껏 돌릴 때, 남숙의 딸 도영은 뺑뺑이를 돌리지 못했다. 지난해 봄, 남숙의 남동생 경수가 교통사고를 당해 쓰러진 이후 모든 돈이 병원으로 들어갔기 때문이다. 초등학교도 겨우 마칠 수 있었던 도영은 중학교 입학금과 수업료를 달라고 말할 수 없었다. 교복도 사달라고 할 수 없었다. 중학교 입시가 폐지되었는데 등록금은 여전히 비쌌다. 도영은 도대체 무엇이 평준화된 것인지 이해할 수 없었다.

참외전거리에서 일하는 형우는 청과물 시장 옆 사탕 공장에 딸 도영을 소개했다. 도영은 공장에서 만들어내는 사탕을 봉지에 싸는 일을 했다. 처음에는 5킬로를, 그다음에는 10킬로를 가져가서 포장했다. 일하는 시간만큼이 아니라 사탕 무게만큼 돈을 받았다. 점점 일이 손에 익었다. 사탕 하나를 포장하는 데 걸리는 시간이 짧아졌고, 그만큼 중학교에 갈 수 있는 날이 빨리 다가오리라는 희망을 품게 했다. 도영은 다른 친구들처럼 평범하게 교복을 입고 가방을 들고, 중학교에 다니고 싶었다.

일한 지 몇 개월이 지났다. 도영의 손가락에 물집이 생겼다. 터뜨려서 헝겊으로 처맸는데도 잘 낫지 않았다. 반장 아줌마가 도영의 손가락을 보더니, 사장에게 데리고 갔다. 사장은 도영을 다그쳤다. 이런 손으로 사람이 먹는 사탕을 싸면 되겠냐며 나무라고는 다시는 공장에 나오지 말라고 했다. 아무런 대꾸도 못 하고, 사탕 공장을 나온 도영은 양키시장 쪽으로 걸었다. 오성 극장에서 수도국산 언덕으로 난 길을 쭉 올라가다 약국에 들어갔다. 약사는 가만히 살피더니 손가락 무좀이라고 했다. 며칠만 약을 먹으면 나으니 걱정하지 말라고 했다. 도영은 손가락이 아픈 것이 자꾸만 수치스러웠다. 일한 값을 받으러 가지도 못하고 동동거리고 있으니, 형우가 사탕 공장에 가서 월급봉투를 받아 왔다. 그 돈은 고스란히 가족들 생활비로 쓰였다.

도영의 손가락이 아물어가던 즈음, 1년 동안 병원 생활을 하던 경수가 퇴원했다. 서울 적십자병원에서 6개월, 일반 정형외과에서 6개월 치료를 받고 퇴원한 경수는 부인과 이혼하고 빈털터리가 되어서 아이 셋만 데리고 남숙네로 들이닥쳤다. 이때 함께 살게 된 남숙의 엄마 기돌돌은, 죽었다 살아 돌아온 아들이라며 경수를 극진히 챙겼다.

기돌돌은 남숙이 벌어온 돈으로 쌀을 샀다. 밥에 물을 많이 넣고 푹 끓여서 죽을 만들었다. 쌀을 못 사는 날이면 밀가루 반죽을 해 수제비를 떴다. 정부에서는 혼·분식 장려운동과 무미일(無米日)을 지정해 매주 수요일과 토요일에 쌀로 만든 음식을 팔지 못하게 만들었지만, 가난한 사람들에게는 해당하지 않는 이야기였다. 쌀로 술을 빚지 못하게 하는 양곡관리법도 마찬가지다. 도영은 먹고 뒤돌아서면 금방 다시 배가 고파지는 쌀죽이 너무 싫었다. 쌀이든 밀이든 잡곡이든 무엇이라도 좋으니 배부르게 먹어보고 싶었다. 기돌돌은 항상 쌀을 사고 돈을 남겼다. 그 돈으로 삶을 비관하는 경수에게 술과 담배를 사줬다. 술에 취한 경수는 큰 목소리로 떠들며 수도국산 온 동네를 헤집고 다녔다.

그 해 시은고등공민학교를 졸업한 인구는 고등학교에 진학하지 않았다. 한 푼이라도 벌어 가계에 도움이 되어야 했다. 부평에 스웨터 짜는 공장에 취직했다. 인구보다 먼저 공장에서 일하고 있던 동갑내기가 텃세를 부렸다. 마주칠 때마다 하대하고 아주 못살게 굴었다. 참다못한 인구가 그 아이 멱살을 잡았고, 그날로 해고당했다. 18살의 인구가 마주했던 사회는 아주 거칠었고, 도와줄 수 있는 어른이 없었다. 이후 일일 학습지 배달과 책 판매 같은 단기 일자리를 전전했다. 인구는 도영에게 입학금 하라며 돈을 건넸다. 다른 중학교에 비해 학비가 1/3 정도 저렴한 시은고등공민학교는 갈 수 있을 거라고, 교과서도 다른 학교랑 똑같으니까 절대 뒤떨어지지 않을 거라고, 어디 가서든 공부만 열심히 하면 성공할 수 있다고 도영을 응원했다.

1973년 3월 도영이 시은고등공민학교에 입학했다. 반은 여자반과 남자반으로 나뉘어 있었다. 여자반에는 송림동에서 온 애들이 가장 많았고, 그다음으로는 독쟁이에서 온 애들이 많았다. 선생님은 아이들의 도움이 필요할 때마다 송림동파가 할래? 독쟁이파가 할래? 라고 물으며, 은근한 경쟁을 붙였다. 그럼 도영은 송림동파가 나서서 끝내주게 하겠다며 사기를 북돋웠다. 학교에서 추수감사절에 올릴 연극을 준비할 땐 무대 배경을 손으로 직접 그렸고, 학예회를 할 땐 친구들 앞에 나가 부채춤을 췄다. 도영은 공부뿐만이 아니라 친구들과 어울리는 학교생활도 아주 즐거워했다.

인구는 단기 일자리를 전전하다 부평 공동묘지 맞은편 목공소에 취직해 조각 일을 배우게 되었다. 조각칼과 기계는 날카롭고 위험했다. 인구는 세심하고 리더십이 있어 조각반의 반장을 맡았다. 공장에서 일을 마치면 옷을 탈탈 털고 나왔는데도, 집에 도착하면 어디선가 나무 톱밥이 떨어졌다. 노동의 고단함이 집에 묻어올 때마다 도영은 마음이 쓰였다. 동생 학비와 가족들 생활비 챙기느라 고생하는 오빠가 안쓰러웠다. 사고는 갑자기 닥쳤다. 인구는 공장에서 사용하는 기계에 손가락이 쓸렸고, 반쯤 잘려 겨우 붙어 있는 왼쪽 두 번째 손가락을 꼭 붙들고 부평 성모병원으로 달려갔다. 수술로 손가락은 붙였지만 휘어있었다. 구부러지지 않고 뻣뻣했다. 소식을 듣고 남숙이 달려왔다. 인구의 손가락을 보자 눈물이 왈칵 쏟아졌다. 경수네 식구를 챙기는 동안 자신의 아이들은 돌보지 못했다는 죄책감에 심장이 아팠다. 도영은 화가 났다. 누구에게라도 책임을 묻고 싶었지만, 화를 낼 수 있는 곳이 아무 데도 없었다.

그때 인구의 나이가 열아홉이었다. 냉찜질을 해도 너무 아팠다.

## 송림동 여자들 사이에 소문난 위험한 골목길

## 송림1동 181번지에 처음 전화기를 들여놓은 이유

1976년 2월 남숙의 딸 도영은 시은고등공민학교를 졸업했다. 3년 동안 국어, 사회, 산수, 자연, 체육, 미술 등의 수업을 듣고, 외국어도 배웠다. 일반 중학교 교과목과 비슷한 수준이었다. 방과 후 활동은 연극을 했다. 공연을 준비하게 되었을 때는 무대 배경을 직접 그림으로 그렸다. 연극의 제목은 <솔로몬의 지혜>였는데, 아이 하나를 두고 서로 자기 아이라고 주장하는 사람들에게, 솔로몬은 '아이를 둘로 나눠 가지라'고 판결했다. 장면을 상상하며 무대 배경을 꾸몄고, 선생님과 친구들이 멋지다고 칭찬을 해주었다. 도영은 학교에서 보내는 시간이 매우 행복했다. 공부하는 것도, 친구들과 어울리는 것도 아주 좋았다. 고등학교에 가서 학업을 계속 이어나가고 싶은 마음도 들었지만, 시은고등공민학교는 공식적인 학력이 인정되지 않았다. 고등학교에 진학하기 위해서는 고입검정고시를 봐야 했다.

고입검정고시에 합격한다해도, 형편이 좋지 않아 학업을 지속할 수 있을지는 미지수였다. 집에는 아직 초등학생인 상규와 이혼 후 송림동 집에 얹혀살고 있는 삼촌 경수네 식구들이 있었다. 아버지 형우는 육십이 넘었고, 어머니 남숙도 오십이 넘은 나이였다. 없는 살림에 식구들은 많아, 취업해서 돈을 벌어야 한다는 압박이 다가왔다. 수도국산 달동네 영복이 엄마가 공장을 하나 소개했다. 크라운이라는 라이터를 만드는 공장이었다. 집에서 놀면 뭐 하냐고, 한 푼이라도 벌어야 하지 않겠냐는 남의 속 모르는 참견이 듣기 싫었지만, 도영은 선택의 여지가 없었다.

라이터 공장은 자주 철야 근무를 했다. 아침 9시에 출근했는데 야근하고, 다음 날 아침부터 저녁까지 일하는 경우가 잦았다. 잠을 규칙적으로 못 자니까 멍해 있는 날이 많았다. 커피를 자주 쏟았고, 버스에서는 매번 꾸벅꾸벅 졸았다. 한 번은 야근을 마치고 아침에 버스를 타고 집에 가던 길이었다. 눈을 떠보니 버스 종점에 도착해 있었다. 차고지에서 출발하는 버스를 타며 또 차비를 냈다. 이번에는 절대 졸지 말아야지 했는데, 또 내려야 할 정거장을 지나치고 말았다. 차에서 겨우 내려 송림동 집으로 걸어가는데, 너무 속이 상했다. 이때 다른 일자리를 알아봐야겠다고 다짐하게 되었다.

새로 면접을 보게 된 회사는 부평에 있는 대한마이크로였다. 직원이 3,000명이 넘을 정도로 규모가 크고, 월급이 더 많았다. 지원신청 요건은 '중학교 졸업 이상의 학력을 지닌 신체 건강한 사람'이었다. 도영은 고등공민학교 졸업생도 가능하냐고 문의했다. 중학교와 마찬가지로 3년을 배우고 졸업증이 있으니, 면접을 볼 수 있는 자격을 달라고 요청했다. 회사에서는 면접과 신체검사를 잘 준비해오라고 답했다. 도영에게 새로운 기회가 생겼다.

도영은 영어 면접을 준비했다. 대한마이크로는 미국과 텔렉스(TELEX - 전화의 자동 교환과 인쇄 전신의 기술을 이용한 기록 통신 방식)를 주고받았기 때문에 영어 면접이 중요하다는 생각이 들었다. 시은고등공민학교에 다닐 때 영어를 가르쳐주시던 선생님을 찾아가 도움을 청했다. 선생님은 먼저 한글로 자신을 소개하는 글을 써오면, 영어로 문장을 다듬어 준다고 했다. 도영은 영어로 된 자기소개를 달달 외웠다. 미국 사람들은 이름을 먼저 말하고, 뒤에 성을 붙인다던 말을 기억하며 마이 네임 이즈, 도영 킴. 마이 컨츄리 이즈. 마이 패밀리 하며 영어로 소개를 마쳤다.

면접은 합격했는데, 문제는 신체검사였다. 미국과 교신을 하고, 3교대로 일을 하려면 신체가 건강해야 하는데 빈혈 수치가 너무 높아서 어려울 수 있다는 말을 들었다. 도영은 자신이 젊기 때문에 일을 잘 할 수 있고, 금방 건강해질 수 있다며 매달렸다. 회사에서는 철분제를 꾸준히 먹고, 건강해지는 걸 조건으로 입사를 허락했다.

대한마이크로 회사 안에는 출출할 때 군것질 할 수 있는 잡화점이 있었다. 그 옆에 스타킹 파는 비너스 가게가 있었고, 아모레 화장품 가게도 있었다. 화장품 가게에서는 가끔 회사 직원을 모델로 앉혀놓고 화장을 해주는 시연을 보이기도 했다. 어느 날 동료 직원을 따라 화장품을 구경하러 갔는데, 갑자기 누군가가 도영을 불렀다. 피부가 하얗고 눈이 크니까 눈화장을 하면 정말 예쁠 거라고 말하며, 시연 모델이 되어 달라고 했다. 도영은 의자에 앉았다. 로션 말고는 발라본 적 없는 피부에 색색의 컬러와 브러쉬가 얼굴을 간지럽혔다. 입술에도 붉게 색을 넣었다. 태어나서 처음 해 보는 화장이었다.

회사 동료가 도영에게 예쁘다며, 앞으로도 화장해 볼 것을 권했다. 도영은 화장품을 살 생각을 해본 적이 없었다. 친구들은 양키시장에 가서 코티분을 사고, 극장에서 영화도 보고, 신포시장에서 맛있는 튀김과 만두를 사 먹기도 했지만, 그림의 떡이었다. 월급을 받으면 고스란히 남숙에게 주고, 차비만 겨우 받아 생활해왔다. 가난한 생활에 화장품은 사치라는 생각을 했던 때다.

낮 근무로 2시에 일을 시작해서 밤 10시에 끝나는 날이었다. 부평에서 버스를 타고 송림동에 내려서 수도국산 언덕을 올라가는데 등 뒤가 스산했다. 큰길로 돌아갈까 잠시 고민했지만, 빨리 집에 가서 쉬고 싶다는 생각에 서부교회 옆으로 난 좁은 골목으로 들어섰다. 골목길 중간에 튀각 집이 있어 튀각 골목으로도 불렸다. 이 길은 집으로 가는 지름길이지만, 동네 여자들에게는 조심하라고 소문이 난 곳이었다. 방앗간에 다녀온 동네 여자가 대야를 머리에 이고 골목으로 지나가는데 앞으로 다가와 가슴을 만지고 도망갔다는 이야기, 골목길 한가운데를 버티고 서 있다가 행패를 부렸다는 소문들이 여자들 사이에 파다했다.

온갖 무서운 소문들이 도는 그 골목을 걸어가는데 심장이 마구 떨렸다. 가방을 가슴 쪽으로 끌어안고 빠른 걸음을 재촉했다. 순간, 뒤에서 누군가가 가방을 홱 잡아당겼다. 도영은 재빨리 가방끈을 붙잡았다. 그날, 가방 안에는 월급봉투와 보너스 봉투가 들어있었다. 가족의 한 달 치 생활비였다. 절대 뺏기면 안 된다는 생각으로 소리를 지르고 힘을 주었더니, 온몸을 주먹질해댔다. 강도는 가방을 뺏어 달아났고, 도영이 내 가방, 내 가방 하며 울부짖으며, 떨리는 두 발로 쫓기 시작했다. 도둑은 저 멀리 달아나 보이지 않았다. 더 쫓을 수도, 그 자리에 가만 서 있을 수도 없었다. 망연자실해져 걸어가는데, 공터에 모여 있는 사람들 사이로 아이보리색 크로

스 백이 보였다. 도영은 멀리서도 자신의 가방을 한눈에 알아봤다.

한 남자가 도영의 가방끈을 꼭 붙잡고는 고통스럽게 웅크려 누워 있었다. 도영은 그 옆에서 남자를 살피는 사람들에게 어떻게 된 일이냐고 물었다. 남자는 도영의 비명을 들었고, 강도로 보이는 남자의 발을 걸어 넘어뜨린 뒤 가방을 빼앗았다고 했다. 소란스러움을 느낀 동네 사람들이 하나둘 나오자, 강도는 남자의 명치를 걷어차고 달아났다. 남자는 숨을 고르던 차였다. 무리에서 한 사람이 도영을 알아봤다. 늦은 시간에 왜 혼자 다니냐며 도영을 나무랐다. 남자는 끊어진 가방끈을 돌돌 말아 도영에게 건넸다. 잘 들고 조심히 들어가라고 했다. 도영은 자기 집이 가까우니 모셔서 사례를 하겠다고 제안했는데, 남자는 거절했다.

정신이 새하얘진 채로 집에 도착했다. 좁은 방 하나에 가족들이 모여 자고 있었다. 도영은 늦은 시간에 일을 마치고 오면서 험한 일을 당했는데, 세상모르고 곤히 자는 식구들의 얼굴이 너무 미웠다. 그 편안한 얼굴을 보자 억울해져 눈물이 났다. 다음날 도영은 회사에 가서 조합장님에게 퇴직금을 담보로 대출을 해달라고 했다. 집에 전화기를 놓기 위해서다. 정부에서 발행하는 채권을 사야 전화기를 놓을 수 있던 때라 돈이 꽤 많이 들었다. 도영은 그 돈을 감수하고서라도 전화기를 놓아야겠다고 마음먹었다. 이때 송림1동 181번지에 전화기가 처음 생기게 되었다.

도영이 밤 10시에 일이 끝나는 날이면, 남숙네 전화벨이 울렸다. 버스에서 내린 도영이 송림동 복음병원 앞 공중전화 부스에서 거는 전화다. 버스에서 내렸다고 말하면, 오빠 인구나 아빠 형우가 마중을 나왔다. 도영은 이제 서부교회 옆 튀각 골목이 무섭지 않았다.

동인천 뿌리경양식에서의 진토닉

인구와 해성의 우정

남숙의 아들 인구와 혜숙의 아들 해성은 사촌들 가운데서도 유독 사이가 돈독했다. 둘은 동갑내기이기도 했지만, 맏아들이라는 이유로 갖게 되는 심리적인 책임감도 공유했다. 1963년 남숙의 동생, 혜숙이 식구들을 데리고 송림동에 오게 되었고, 인구와 해성은 송림초등학교 2학년을 같이 다니며 우정을 쌓게 되었다.

항상 같이 다니던 인구와 해성이 헤어지게 된 건, 창호 목수로 일하는 혜숙의 남편이 서울 은평구 불광동 건설 현장에 취직했기 때문이다. 해성은 서울 불광초등학교 5학년으로 전학 갔고, 인구는 방학하자마자 해성을 찾아갔다. 동인천에서 기차를 타고 서울역에 내려, 한 시간에서 한 시간 반가량을 걸어야 했다. 불광천 물줄기 아래, 방 하나에 부엌 하나가 달린 집을 세 얻어 다섯 식구가 살고 있었다. 인구와 해성은 불광천 상류 쪽 독박골에 올라가 가재를 잡고, 물장구치고 놀았다. 구파발에서 내려오는 물이 아주 깨끗하고 맑았다. 산꼭대기였는데도 물이 허리까지 차는 깊은 데가 있어서 헤엄칠 수 있었다. 일주일이고 열흘이고 신나게 놀다 어느 날엔 쌀 축낸다고 혜숙의 남편이 눈치를 줬다. 둘은 헤어지며 부둥켜안아 울었고, 방학 때마다 인천과 서울에서 만났다.

초등학교를 졸업하고 인구는 창영초등학교 등사실에서 심부름꾼으로 일했고, 해성은 공장에 취직했다. 공부도 잘하고, 영리한 해성에게 학교 선생님들은 중학교에 입학할 것을 권했다. 하지만 가난한 집안 사정을 생각하면, 하루라도 빨리 사회에 나가 돈을 벌어야 했다. 1968년 12월 5일 국민교육헌장이 반포되었을 때 해성은 앉은 자리에서 전문을 다 외워버렸고, 그걸 지켜보던 인구는 놀라서 입이 떡 벌어졌다.

해성은 부평 공동묘지 근처에 있는 작은 아버지가 운영하는 공장에서 일했다. 시계 케이스를 만드는 공장이었다. 일찍부터 일을 배우기 시작해서 직원들을 관리하는 역할까지 맡게 되었다. 시은고등공민학교를 졸업한 인구가 단기 일자리를 전전하다 집에서 노는 날이 많아지자, 해성이 공장에 한 번 와 보라고 했다. 조각칼과 기계는 날카롭고 위험했지만, 천천히 차분하게 하면 괜찮았다. 인구는 실력이 금방 늘었고, 조각반의 반장을 맡게 되었다. 반장을 맡으며 어려운 점은 같이 일하는 10대 중후반의 또래 동료들을 챙기고 이끄는 일이었다. 주로 부평 인근에 거주하는 동료들은 가끔 점심을 먹고 나면 우르르 나가, 눈알이 빨개져서는 싱글싱글 웃으며 돌아왔다. 대마초를 피우고 온 거다. 동암에서 백운 철길 옆으로 삼나무가 많아 줄기는 삼베를 만들고, 잎은 말려서 피우는 사람들이 종종 있었다. 부평미군부대 근처에서 자란 아이들도 은밀한 경로로 대마초를 구해 피우기도 했다. 약기운에 혹여나 일하다 다치지 않도록 인구는 동료들을 살폈다.

사고는 정말 엉뚱한 곳에서 일어났다. 라면을 끓였는데 젓가락이 부족했다. 인구는 나무로 젓가락을 만들려고 기계를 켰다. 순식간에 기계에 손가락이 쓸렸고, 왼쪽 두 번째 손가락이 반쯤 잘려 겨우 붙어 있었다. 대롱대롱 매달려 있는 손가락을 꼭 붙들고 부평 성모

병원으로 달려가 수술을 받게 되었다.

입원실에는 인구와 동갑인 남자가 하나 있었다. 부평에 있는 공장에서 일하다 로라 기계에 손이 말려 왼쪽 손가락이 다 잘려 나갔다고 했다. 동병상련인 처지에 한 달 동안 병실을 같이 쓰며, 속 얘기도 터놓고 하는 사이가 되었다. 그러던 어느 날 그 남자가 모르고 흘린 종이를 인구가 발견하게 되었다. 유서였다. 인구는 순간 화가 나서 눈이 뒤집혔다. 멱살을 잡고 멀쩡한 오른손으로 뺨을 두들겨 팼다. 손가락 없다고 인생 끝나냐고, 정신 차리라고 소리치며 주먹질을 해댔다. 남자에게 하는 말임과 동시에 자기 자신에게도 하는 말이었다. 같은 입원실 남자들과 간호사가 달려와 둘을 떨어뜨려 놓았다.

며칠 뒤 남자는 퇴원했고, 편지를 보내왔다. 인천에서의 생활을 정리하고, 횡성 집으로 가는 중앙선 기차 안에서 어떤 여자를 만나게 되었다는 거다. 남자는 일 하다가 손을 다쳐서 치료를 마치고 집에 가는 길이라고 아주 편안하게 말했고, 여자는 서울 이화여대 앞 사거리 의상실에서 일하다가 휴가차 집에 가는 길이라고 했다. 말을 주거니 받거니 하다 연락처를 교환하고, 또 만나기로 했다고, 너도 어서 퇴원하고 연애하라며 약 올리는 내용이었다. 며칠 전만 해도 유서를 쓰고 다 죽어가던 얼굴이 히죽거리며 한 방 먹이는 내용의 편지를 보내오자, 인구는 안도의 웃음이 나왔다.

집에서 쉬면서 어느 정도 몸이 회복되자 해성이 맛있는 음식을 낸다며, 인구에게 나오라 했다. 인구와 해성은 동인천역 근처 뿌리경양식에 갔다. 돈가스를 주문했더니 "밥으로 드릴까요? 빵으로 드릴까요?"하고 물었다. 인구는 김치 없이 밥을 먹는 게 어색해서 빵으로 달라고 했다. 빵이랑 돈가스를 먹는 것도 어색하기는 마찬가지였다. 마요네즈를 듬뿍 바른 양배추 샐러드와 멀건 수프와 단무지보다 된장찌개에 김치가 더 익숙했다. 해성은 한술 더 떠 드라이진에 토닉워터를 섞고 레몬을 띄운 진토닉도 두 잔 달라고 했다. 돈가스에 진토닉까지... 금액이 상당했다. 그 뒤로 진토닉 네 잔을 더 시켜, 각자 석 잔씩 먹고 경양식집을 나왔다. 인구는 이날 태어나서 처음으로 술을 마셨다. 세상은 느려졌고, 천천히 올라가는 수도국산 언덕길은 더 늘어졌다. 그리고 짧아진 왼쪽 두 번째 손가락 끝을 보았다. 가슴이 시큰해졌다.

# 송림동 수도국산 달동네에
# 실망한 예비신부

## 인구와 연희와 만남

서울 용산구 남영동에 위치한 충무공예가구. 일하는 남자들이 한자리에 소란스럽게 모여있다. 창경원에서 보라색 원피스를 입고 서 있는 한 여자의 독사진을 앞에 두고 말이다. 기붕은 20대 초반의 여자를 알고 있는 것이 자랑인 양 조금 으쓱이며, 사진 속 여자가 옆집 아주머니의 조카라고 소개했다. 친구들에게 중매할 것이며, 자신은 그 여자에게 관심이 하나도 없다는 듯 말했다. 인구가 가만히 살펴보고는 정말 사진 속 여자한테 관심이 조금도 없냐고 물었다. 기붕은 그렇다고 대답했다. 말이 끝나기 무섭게 인구는 사진을 빼앗아 주머니에 넣었다. 여기 총각들이 많은데 왜 사진을 다른 데 갖고 나가려고 그러냐며, 내가 만나볼래! 하고 말했다.

여자에게 그 소식이 도착하기까지는 며칠이 걸렸다. 여자는 경상남도 진주 시내에서 버스를 타고 30분은 더 들어가야 하는 시골에 살고 있고, 집에 전화기가 없기 때문이다. 마을에서 전화기가 있는 집은 이장댁이 유일했다. 이장댁으로 전화가 오면 방송으로 누구 어르신, 자녀 누구에게 연락이 왔다는 내용이 확성기로 온 마을에 시끄럽게 퍼졌다. 이런 낯부끄러운 상황이 싫으면 시내에 나가서 공중전화를 이용하거나 편지를 쓰는 게 나았다. 서울 이모는 연희에게 편지를 보내왔고, 선을 보라는 내용이 담겨있었다. 이모의 제안은 달콤했지만, 어떤 사람인지, 얼굴도 모르면서 당장 서울에 올라갈 수는 없었다. 연희는 일단 사진을 편지로 부치라고 했다. 편지가 서울에 도착하고 다시 답장이 오는데 2주가 넘게 걸렸다. 연희는 답장을 받고, 다음날 바로 기차를 타고 서울로 올라갔다. 인구의 사진이 마음에 들었던 것이다.

인구와 연희는 1982년 초가을에 서울 남영역에서 처음 만났다. 인구가 출·퇴근할 때 눈여겨봐 두었던 고급 한정식집으로 안내했다. 비빔밥 두 그릇을 주문했는데 값이 꽤 비쌌다. 연희는 긴장되고 떨려서 밥이 잘 넘어가지 않았다. 한 그릇을 다 먹지 못하고 반이나 남기고 말았다. 인구는 연희에게 다 먹었냐고 물었다. 그렇다고 했더니, 반쯤 남은 밥그릇을 가져가서 남김없이 싹싹 맛있게 비벼 먹었다. 평소에 짜장면을 곱빼기로 먹을 정도로 식성이 좋기도 했지만, 내심 거리감 없는 친근한 첫인상을 주고 싶었다. 연희는 깨끗이 비워진 그릇을 보며 털털하고 검소한 사람인 듯한 호감을 느꼈다.

연희는 서울 성동구 옥수동 이모 집에 머물렀다. 방 하나에 부엌 하나 딸린 작은집에 이모, 이모부, 조카 둘이 살았고, 연희까지 다섯 명이 한 방에서 같이 지내기는 쉽지 않았다. 2~3일 동안만 서울에 있기로 했다. 인구는 일을 마치면 서울에서 데이트하고, 막차를 타고 인천으로 돌아갔다. 다음 날 새벽에 일어나 남영동 충무공예가구에 출근하고, 퇴근하면 다시 연희를 만나러 갔다. 잠자는 시간이 줄었는데 이상하게 하나도 피곤하지 않았다. 조각하다가, 도시락을 먹다가 자꾸만 연희가 떠오르고 웃음이 나왔다. 인구는 연희가 경상남도 진주에 내려가 만날 수 없게 되었을 때 오히려 기운이 없고, 일이 손에 잡히지 않았다. 매일 집에 도착하자마자 편지가 왔는지부터 확인했고, 그리운 마음을 담아 밤마다 연희에게 편지를 썼다.

연일 우편함을 기웃거리고 서울 갈 궁리만 하는 연희에게 아버지가 물었다. 서울에서 만난 그 남자가 어떤 사람이냐고. 연희는 인구가 어려서부터 조각 일을 배워 장롱이나 장식장 같은 가구에 무늬를 새겨 넣는 10년 차 된 기술자이고, 부모님과 함께 사는 착하고 성실한 장남이라고 말했다. 아버지는 시골에서 다섯 명의 동생을 챙기며 살뜰하게 살아온 연희가 혹여나 상처받을까 걱정했고, 도시에 사는 남자는 믿을 수 없으니 약혼식부터 올리라고 완강히 말했다.

1983년 2월 6일 서울에서 양가 가족끼리 모여 약혼식을 올렸다. 몇 주 뒤, 인구는 직장에 휴가를 내고 처음으로 경상남도 연희네 집에 가게 되었다. 지도에서 인천과 진주를 선으로 그어보며 막연하게 멀다고만 생각했는데, 직접 6시간 넘게 서울에서 기차를 타고 진주역에 내린 다음 중앙시장 옆에서 조그만 빨간 시외버스를 타고 장인 어른댁에 도착하니 거리가 몸으로 체감되었다. 피곤이 몰려왔다. 이 먼 거리를 그동안 연희가 자신을 만나기 위해 오갔다고 생각하니 고맙고 미안했다.

다음날은 비교적 여유로운 시간을 보내고 있었다. 마루에 걸터앉아 처남과 바둑을 두고 있었는데 순간 갑자기 라디오에서 민방위 훈련 사이렌 소리와 함께 다급한 목소리가 흘러나왔다. "이것은 실제 상황입니다. 이것은 실제 상황입니다. 미그-19 전투기를 몰고 북괴군 조종사 1명이…"로 시작하는 방송이 나오기 시작했다. 온 식구가 당황해서 이도 저도 못 하는 상황이었다. 그새 피난 보따리를 싸서 자식 손을 꼭 붙들고 이동하는 동네 사람도 보였다. 잠시 후 정부는 북한 공군 조종사 이웅평이 귀순하였다고 발표했다. 인구는 안도했지만, 전쟁을 경험한 연세 많은 부모님이 걱정되어 서둘러 인천으로 올라갔다. 인구는 연희에게 인천 동구 송림동 집에 한번 놀러 오라고 했다.

처음 소개 때부터 '인천 사람'이라고 했고, 편지 끝에 항상 '인천에서'를 덧붙이고, 자신을 '짠물'이라고 표현하며 남다른 인천 사랑을 표하던 예비 신랑이 사는 곳을 지금껏 가본 적이 없던 것이다. 시골에서만 살아온 연희는 인천이라는 곳을 조금은 동경했다. 서울과 가깝고, 바다가 있고, 일하는 사람이 많은 인천에 대한 막연한 환상이 있었다. 전철이 점점 서울을 벗어났다. 부평쯤 오니 아파트보다 논이 더 많았다. 동인천역에 내려서 송림동 쪽으로 걸었다. 수도국산 언덕 꼭대기에 집이 있다고 했다. 다닥다닥 붙어 있는 집들 사이로 난 골목을 지나 송림1동 181번지에 도착했다. 연희는 자신이 기대했던 인천이 아님을 직감했다.

나무로 만들어진 대문을 열고 들어가니 마당이 길게 나 있고, 끝에 푸세식(재래식) 화장실이 하나 있었다. 오른쪽으로 방이 네다섯 개 있었고, 연희는 방마다 세를 주는 줄 알았다. 그런데 방에서 인구의 외갓집 식구들이 나오는 게 아닌가. 첫 번째 방에는 둘째 시이모(혜숙)와 아들, 두 번째 방에는 셋째 시삼촌(경수)과 아이 셋, 세 번째 방에는 막내 시이모(인순)와 같이 사는 여자(선애)와 아이 하나. 나머지 방 하나에 인구네 다섯 식구가 살고 있었다. 열네 명이나 되는 사람들이 연희를 보기 위해 방문을 열고 나왔다.

연희는 황당했다. 시부모님을 모시고 사는 건 알고 있었지만, 시이모와 시삼촌네 식구들까지 같이 사는 건 상상도 못 했다. 경상남도 진주 시골집보다 더 바글바글하고 징글징글하다는 생각이 들었다. 기가 차서 아무 말도 못 하고 인구를 바라보았다. 약혼을 무를 수도 없는 노릇이었다. 연희는 착하고 성실한 장남이자 예비 남편인 인구가 미워졌다.

신신예식장
그리고 송도유원지의 피로연

## 인구와 연희의 결혼

"연희, 지금 내가 당신에게 하고 싶은 이야기가 있다면 오직 한 마디. 이곳에서 나와 함께 있어달라는 그 한 마디구려. 보고 싶어서 함께 있고 싶어서 나의 유별난 성질이 발동했건만. 그래도 진주라 천릿길 여행을 떠나지 못했으니 여기 인천 짠물도 싱겁기 그지없구려."
-1983.5.5. 당신의 모든 것을 간직하고 있는 인천 짠물-

인천에 사는 인구와 경상남도 진주에 사는 연희는 편지를 주고받으며 장거리 연애를 이어갔다. 1983년 2월 약혼식을 올리고 난 이후 인구의 편지에는 연희를 향한 그리움이 가득했다. 인구는 연희가 하루라도 일찍 인천으로 올라와 곁에 있어 주기를 바랐다. 어깨가 무겁고 힘들 때 연희가 함께 있어 주는 것만으로도 큰 위로가 됐기 때문이다. 게다가 최근 큰아버지가 돌아가셔서 상을 치른 뒤라 몸도 마음도 지쳐있었다. 형제들을 먼저 하늘로 보내고 홀로 살아계신 아버지 형우를 생각하자, 맏아들의 책임감이 더욱 절실하게 다가왔다.

연희도 인구 큰아버지의 부고를 들었다. 일전에 큰아버지의 건강이 좋지 않다는 소식을 듣고, 인구와 함께 동두천으로 찾아간 기억이 떠올랐다. 가족들의 만류에 직접 얼굴을 뵙지는 못했지만, 인구에게 전해 들은 큰아버지와의 추억담에 괜스레 마음이 시큰했다. 상을 치르고, 인구가 술에 취해 쓴 편지가 진주에 도착했다. 괴로

움이 꾹꾹 눌러 담겨 있었다. 편지를 보자 연희는 최근 인구에게 퉁명스럽게 대한 것이 미안해졌다.

며칠 전 연희의 마지막 미혼 친구가 시집을 갔다. 친구들 가운데 늦게 간 축에 속했다. 보통 스물한 두 살 정도에 동네 중매쟁이의 소개로 만나 시집을 가는 경우가 많았다. 연희네 집에도 중매쟁이 할머니가 남자 하나를 데리고 찾아온 적이 있었다. 그때 연희는 큰 집에 놀러 가고 집에 없었다. 민망해진 중매쟁이는 옆집에도 아가씨가 하나 있다며 그 집으로 가자고 했다. 옆집 여자와 남자는 결혼했다. 시골은 이런 경우가 허다했다. 연희에게도 연애결혼의 낭만을 꿈꿨던 시절이 있었지만, 연애는커녕 중매쟁이와의 만남도 번번이 어긋났다. 주변 또래 친구들이 하나, 둘 시집을 가고 마지막 남아 있던 미혼 친구마저 결혼하자 연희는 외로운 기분이 들었다.

연희는 약혼식 이후 인천 동구 송림동 인구네 집에 방문했었다. 서울에서 양가 부모님만 모시고 간소하게 약혼식을 올렸고, 데이트도 줄곧 서울에서 했기 때문에 인천에 발을 디딘 건 그때가 처음이었다. 전철을 타고 동인천역에 내려 수도국산으로 올라가자 점점 숨가빴다. 양장으로 곱게 차려입고 굽 높은 구두를 신은 탓에 언덕을 오르기가 쉽지 않았다. 진주에서부터 기차를 타고 올라와 고생 끝에 도착한 송림동 집에는 방마다 인구의 외갓집 식구들이 살고 있었다. 시이모 둘과 시삼촌의 가족까지 열네 명이나 되는 대식구가 방에서 우르르 나오자 연희는 기가 찼다. 시부모님을 모시고 사는 건 알고 있었지만, 시이모와 시삼촌네 식구들까지 같이 사는 건 상상도 못 했기 때문이다. 연희는 이렇게는 살 수 없다고 인구에게 말했지만, 대안이 있는 것도 아니었다. 약혼식까지 올린 마당에 파혼하면 혼처가 들어오기도 어렵고, 노처녀라고 손가락질할 것이 뻔했다. 연희는 인구가 원망스럽고 마음이 자주 비뚤어져 인구에게 퉁명스럽고 뾰로통하게 대했다. 그러던 중 인구 큰아버지의 부고를 들은 것이다. 연희는 가족들을 아끼고 아버지를 걱정하는 인구가 안쓰러워, 이 남자를 있는 그대로 받아들이고 곁에서 평생 지지해주는 사람이 되기로 마음먹었다.

1983년 11월 20일 인천 경동에 있는 신신예식장에서 인구와 연희가 결혼했다. 신신예식장은 인천에서 최고로 인기가 좋은 꿈의 장소였다. 3만 원을 주고 웨딩드레스를 빌렸다. 최고급은 아니었지만 제법 값이 나갔다. 연희는 예식장에서 신부 화장을 받았는데 사자머리에 두꺼운 메이크업이 어색하게 느껴졌다. 거울을 한참 보다가 결국은 화장을 조금 연하게 지워달라고 부탁했다. 인구는 아침에 이발소에 가서 머리를 했다. 오늘 결혼한다고 말했더니, 포마드를 바를 건지 안 바를 건지 물었다. 젊은 남자들이 포마드를 발라서 머리를 넘기며 멋을 부리곤 했는데 인구는 그래 본 적이 없었다. 포마드를 안 바르고 깔끔하게만 정리해달라고 부탁했다. 그때 인구는 29살, 연희는 24살이었다. 두꺼운 메이크업과 포마드 없이도 반짝이는 너무나도 아름다운 신랑 신부였다.

예식이 끝나고 손님들은 인근 식당으로 안내를 받았다. 신랑 쪽과 신부 쪽 손님이 각각 다른 식사 장소로 이동하는 것이 보통이었다. 연희네 하객은 온통 경상남도 사람들이었다. 인천 경동 싸리재 인근의 맛집에 대해서는 하나도 몰랐다. 인구는 연희네 하객들도 같은 식당으로 안내했다. 결혼을 축하하기 위해 멀리서 온 고마운 분들이었다. 감사한 마음과 함께 인천에서의 첫인상이 좋게 기억되길 바라며 가장 맛 좋은 식당으로 처가댁 손님들을 모셨다.

하객에게 음식을 대접하고 연희와 인구는 송도유원지로 피로연을 갔다. 인구와 조각 일을 하는 동료들과 함께 갔다. 송도유원지는 바닷물이 들어올 때 수문을 열어 물을 가두고 모래를 깔아 만든 해수욕장이다. 하루에 두 번 밀물과 썰물이 드나드는 서해의 특성을 살려 만든 것이다. 새벽에 물이 들어오면 수문을 닫아, 낮에 사람들이 다이빙하고 오리배를 타고 놀았다. 밤에 썰물일 때는 수문을 열어 물을 교체해주며 수질을 유지할 수 있었다. 백사장 근처에는 식당이 줄지어 있었고, 회사나 모임에서 단합을 도모하기 위해 많이 찾았다.

피로연에 모인 인구의 친구들이 술을 마시고 분위기가 한껏 올랐다. 짓궂은 친구들은 새신부에게 노래를 부르라고 권했다. 연희는 다른 사람들 앞에서 노래를 부르는 것이 너무나 쑥스러웠다. 도저히 못 부르겠다고 손사래 치자 친구들이 인구를 에워쌌다. 옴짝달싹 못 하게 꽁꽁 붙잡아 인구를 바닥에 드러눕히고는 양말을 벗겨버렸다. 친구들은 연탄집게를 구해와 발바닥을 찰싹 때렸다. 연희에게 노래를 부르지 않으면 인구 발바닥이 남아나지 않을 거라 협박했다. 연희는 인구를 바라봤다. 사랑하는 인구를 위해서는 시부모도 모실 수 있고, 시이모와 시삼촌네 식구와 사는 것도 괜찮았지만, 그래도 노래만큼은 할 수 없었다. 연희는 화장실로 도망갔고, 인구는 발바닥에 불이 나게 맞았다.

경수의 지극 정성 막내딸 사랑

## 송림동에 살게 된 경수네 식구들

땡전 한 푼 없이 아이 셋만 데리고 송림동 집에 들이닥친 경수를 보자 남숙은 화가 치밀어 올랐다. 한때는 카투사로 미군 부대에서 돈도 잘 벌고, 이후엔 작은 구멍가게를 운영하며 껌과 초콜릿, 깡통 음식을 팔면서 장사 수완도 제법 있던 남동생이 아니던가. 갑작스러운 교통사고로 세상을 등질 뻔했지만, 지극정성으로 돌봐 드디어 건강을 되찾았는데 이혼이라니. 남숙은 하늘이 노래졌다. 게다가 아무리 사랑에 눈이 멀었어도 그렇지. 모든 재산을 부인 앞으로 해 놓고 빈털터리로 쫓겨 온 모습에 할 말을 잃었다. 경수는 당분간 신세를 좀 지겠으니 방 하나만 달라고 했다.

다음 날 남숙은 경수의 첫째 명진과 둘째 명근을 데리고 송림초등학교에 가서 전학을 시켰다. 10년 전 즈음 남숙의 여동생 혜숙이 보따리를 싸 들고 갑자기 들이닥쳤을 때, 혜숙의 큰아들 해성을 송림초등학교에 전학시켰던 일이 떠올랐다. 새로운 학교에 와서 어리둥절한 것도 있겠지만, 갑작스럽게 변한 환경에서 말없이 고개만 푹 숙이고 있는 아이들을 보자 남숙은 안쓰러운 마음이 들었다. 어른들 때문에 고생하는 아이들에게 해줄 수 있는 말이 없어서 가만히 머리를 쓰다듬어주었다.

경수는 며칠째 일은 구하지 않고 집에서 술만 마셨다. 술이 떨어지면 현대시장으로 내려가 막냇동생 인순이 하는 담뱃가게를 찾아가 돈을 달라고 했다. 인순은 진절머리가 났다. 서울 마포에서 만두 장사를 할 때도 찾아와 가판을 엎어버리고 행패를 놓던 게 싫어 도망 왔는데, 인천에서 또 만나게 돼서 끔찍했다. 여자 둘이서 장사한다고 겁박 주고 무시하는 꼴은 견디기 힘들었다. 경수가 깽판을 칠수록 인순과 선애는 바득바득 대들었다. 지난번처럼 당하고만 있지는 않을 거라며.

남숙은 경수에게 아이 셋 입에 풀칠이라도 해야 하지 않냐며 자신이 일하는 곳에 같이 나가보자고 권했다. 당시 남숙은 용광로 내부 벽돌을 만드는 공장에 다니고 있었다. 원래 일하던 와룡소주가 다른 회사에 팔렸기 때문이다. 사장은 서울 영등포에 있는 진로 회사에 가서 같이 일해보자고 제안했다. 남숙은 거절했다. 서울을 왔다 갔다 하는 차비와 시간이 아깝기도 했고, 원래 와룡회사 사람들과 하는 일이 좋아서 다녔기 때문이다. 남숙이 새로 구한 회사는 부평에 있었다. 회사에 경수를 소개했고, 그날부터 바로 일을 시작했다. 경수는 부평에서 일하기도 하고, 지방으로 파견을 나가기도 했다. 운동선수들이 많이 들고 다니는 이민 가방에 일복을 담아 나가는 날이면 며칠씩 집에 들어오지 않았다.

경수의 막내딸 명화가 4살이었다. 이민 가방이 집에서 사라지는 날이면 아빠가 언제 돌아올지 몰라서 불안하고 무서웠다. 울다가 잠들고 다시 깨서 울다가 잠들고를 반복하던 나이였다. 경수가 집에 돌아오면 명화가 경수를 꼭 껴안았다. 경수의 품에 꼭 파묻혀 킁킁 냄새를 맡고는 가슴을 쪼물딱거리다 잠이 들곤 했다.

경수는 명근이에게 항상 동생 명화를 잘 챙겨야 한다고 일렀다. 명근이는 말수가 적고 차분했다. 얌전하고 다소곳해서 남숙이 명근을 볼 때마다 꼭 엄마를 닮았다고 말했다. 남숙은 경수의 부인을 처음 만났을 때를 자주 떠올리며 묘사했다. 한복을 곱게 차려입고 미장원에서 머리를 해서 아주 세련되었고, 마치 천사가 걸어오는 것처럼 참 아름다웠다고 말이다. 명근이는 어디를 가든 동생 명화를 데리고 다녔다. 동네 친구들과 놀 때도 꼭 명화를 데리고 갔다. 명화는 자연스럽게 자신보다 나이가 많은 언니 오빠들과 어울려 지냈다. 같이 놀던 영훈이와 영복이는 형제인데, 둘 다 축농증이 심했다. 누런 코가 흘러내렸다. 마늘을 구워서 코에 꽂으면 낫는다며 형제가 양쪽 콧구멍에 구운 마늘을 꼽고 돌아다니는 날이 많았다. 명화도 한 데 어울려 수도국산 달동네를 돌아다니며 까마중도 따먹고, 사루비아(샐비어)도 빨아 먹으며 지냈다.

명화가 초등학교에 갈 나이가 되었다. 명화의 엄마는 입학 선물로 노란색 블라우스와 다홍색 멜빵 치마를 사서 송림동에 왔다. 예쁘게 차려입고 송림초등학교 입학식에 갔다. 명화는 멀리서 엄마가 빼꼼히 지켜보는 걸 보았다. 그게 명화가 기억하는 엄마의 마지막 모습이다. 오래 앓아온 지병으로 갑자기 쓰러졌고, 죽음과 동시에 외갓집과도 연이 끊기게 되었다. 명화는 너무 어려서 엄마 얼굴도 잘 기억나지 않지만, 운동회 날이 되면 엄마가 그리워졌다. 운동회 하는 날에는 학교 앞에서 찐 밤을 하얀 명주실에 꽂아서 목걸이처럼 만들어서 팔았다. 그걸 목에 걸고 하나씩 까먹으면서 엄마가 싸온 김밥을 먹는 아이들이 너무 부러웠다.

경수는 엄마와의 추억이 적은 명화가 안쓰러웠다. 그래서 명화를 특별히 아꼈다. 술에 취해있는 날이 많았지만, 명화가 학교에 가기 전에는 꼭 깨워서 아침을 먹였다. 라면을 먹을 땐 만두랑 빨간 소시지를 썰어서 듬뿍 넣었다. 밀가루만 먹으면 배가 금방 꺼진다며 고기와 소시지를 먹이며, 속 든든하게 학교에 가야 한다고 말했다. 경수는 명화에게만큼은 특급 요리사였다. 먹는 것만큼은 잘 챙겨주고 싶었다. 한 번은 명화가 도시락을 깜빡하고 가져가지 않았는데, 경수가 그걸 들고 학교에 왔다. 명화는 그게 너무 부끄러워서 화를 냈다.

다음날도 경수는 명화에게 아침을 먹으라고 깨운다. 학교에 가기 전에는 속이 든든해야 한다고. 명화는 최고의 요리사가 챙겨준 아침을 먹는다. 명화는 미안하다는 말 대신 경수의 볼에 뽀뽀한다. 그리고 도시락을 들고 학교에 간다.

# 송림동 집에서 치른 장례

## 남숙의 엄마 기돌례의 죽음

한밤중에 남숙이 딸 도영을 흔들어 깨웠다. 남숙의 얼굴이 하얗게 질려있었다. 도영이 무슨 일이냐고 묻자, 할머니가 돌아가셨다고 말했다. 남숙의 엄마를 말하는 거다. 1980년. 76세의 나이로 남숙의 엄마 기돌례가 하늘나라로 갔다.

남숙과 혜숙, 경수, 인숙을 낳고 한국전쟁 때 남편을 여읜 기돌례는 자식들의 집을 전전하며 지냈다. 1962년 아들 경수와 며느리와 함께 살다가 1965년 1월 남숙의 셋째 아이가 태어났을 땐 송림동 수도국산에서 상규를 돌보며 지냈다. 1971년 경수가 교통사고를 당해 사경을 헤맸을 때 병원에서 살다시피 1년을 보냈다. 경수가 이혼하고 아이 셋과 함께 남숙네 집에 들이닥칠 때, 기돌례가 같이 왔는지 먼저 와있었는지는 분명하지 않다. 기돌례는 어디에 머물든 가만히 자식과 손주들을 돌보며 지내는 사람이었다.

기돌례에게서 전과 다른 냄새를 맡은 건 도영이다. 도영은 남숙에게 할머니 몸에서 이상한 냄새가 난다고 말했다. 그건 나이가 들어서 나는 냄새라고, 늙으면 다 그렇다는 대답이 돌아왔다. 누구도 그 냄새를 신경 쓰지 않았다. 가난해서 외면했던 것인지도 모르겠다. 병원에 가본 적 없는 사람들은 병원에 간다는 것 자체가 너무 두려운 일이었다. 그러던 어느 날 기돌례는 하혈했다. 사흘째 피를 쏟던 날 송림동에 있는 복음병원에 갔다. 의사는 더 큰 병원에 가야 한다고 했고, 율목동 기독병원에서는 더는 손쓸 방법이 없으니, 집으로 모시고 가라고 했다.

자궁암이었다. 이미 너무 많이 퍼져서 고칠 수 없는 상태였다. 손쓸 도리 없이 집에 누워 있는 날이 많았다. 병원에서는 고통을 줄이기 위해 모르핀 주사를 처방했고, 기돌례의 막내딸 인순이 맡아서 주사를 놨다. 도영은 할머니를 바라봤다. 이렇게 기력 없이 누워있는 게 믿기지 않았다. 1년 전만 해도 남숙과 함께 용인에 있는 한국민속촌을 구경하고, 사진도 찍으며 즐거웠기 때문이다. 손가락 열 개에 손톱이 까맣게 죽어있었다. 곧 돌아가시겠다고 도영은 생각했다.

교통사고로 혹은 다른 이유로, 집 밖에서 임종하면 장례도 치를 수 없던 때였다. 시신을 집 안에 들여와 장례를 치르는 것을 금기시하던 시절로, 방에서 임종한 경우에만 장례를 치를 수 있었다. 장례식장이 따로 없었기 때문에 가정집에서 치르는 장례를 정석으로 여겼다. 도시화가 급격하게 진행되면서 아파트와 병원에서 임종하는 사례가 늘었고, 병원 영안실에서 불법으로 장례를 치르는 사람들이 생겨나던 시기다. 장례식장이 허가제로 합법화된 것이 1973년이지만, 도심의 병원 장례식장은 여전히 불법이었다. 장례 문화가 바뀌어야 한다는 목소리가 높아지고 있었지만, 남숙에게는 낯설었다. 전통적인 풍습에 따라 집에서 기돌례의 죽음과 장례식을 준비하고 있었는데 막상 닥치니 온몸이 벌벌 떨렸다.

남숙은 도영에게 기돌례를 깨끗이 닦아야 한다고 말했다. 새벽에 자다 일어난 도영도 얼떨떨하고 무서운 건 마찬가지였다. 마당에 나가 세숫대야에 물을 받고 수건을 가져와서 할머니의 몸을 닦았다. 얼굴에서부터 목, 가슴, 팔, 다리, 발끝까지 구석구석 닦았다. 도영은 넋 놓고 울고 있는 남숙에게 이젠 어떻게 해야 하냐고 물었다. 남숙은 미리 준비한 수의를 가지고 와, 도영과 함께 기돌례에게 깨끗한 옷을 입혀주었다. 그때 상규가 집에 들어왔다. 친구랑 놀다 새벽에 들어온 상규는 할머니가 돌아가셨다는 소식에 깜짝 놀랐다. 어린 상규를 사랑으로 보살펴 준 할머니였기 때문에 정이 많이 들었었다. 남숙은 상규에게 어서 장의사를 모셔오라고 했다.

장의사댁은 문이 닫혀 있었다. 문을 한참 두드리니 자고 있던 장의사가 일어나서 나왔다. 칠성판과 백로지, 한지와 장례용품들을 챙겨 송림동 수도국산으로 갔다. 장의사가 깨끗한 모습의 기돌례를 보고는 도영에게 고생했다고 말했다. 손녀딸이 정성껏 예쁘게 단장해줘서 기뻐할 거라고 위로했다. 장의사는 한지로 몸을 싸 가지런하게 정돈했다. 칠성판 위에 백로지를 놓고 그 위에 시신을 눕혔다. 병풍을 치고 향불을 마련하고 촛불을 켰다. 모든 준비가 다 된 다음에야 장의사는 남숙을 보며 곡을 하라고 했다. 남숙은 가느다랗게 떨리는 목소리로 아이고, 아이고, 아이고 하고 외쳤다.

형우는 송림동 집마다 돌아다니며 문을 두드리고, 장모님이 돌아가셨다는 소식을 전했다. 새벽에 자다 일어나 소식을 들은 수도국산 달동네 사람들은 형우와 남숙을 위로했다. 날이 밝자 인순과 선애는 현대시장에 가서 장을 봐왔다. 손님 맞을 준비를 하는 거다. 조문객들은 안방에 들어와 향을 피우고, 절을 하고, 상주와 맞절했다. 상주인 경수는 오는 손님들과 계속 술을 마시고 결국 하루도 못 가 만취해서는 장례식 내내 널브러져 있었다. 그 자리를 남숙과 형우가 지켰다. 마루와 건넌방에 밥상을 마련하고, 육개장과 밥을 대접했다. 식사를 준비하고 치우는 일은 인순과 선애와 도영이 했다. 삼일 낮과 밤 동안 이 집 여자들 몸 상한다며, 동네 여자들이 와서 품앗이하고 갔다. 완장 하나 차지 않은 여자들이 기돌례의 가는 길을 보살폈다.

연안부두에서 멍게 한 접시로 용서를

## 연희의 송림동 수도국산 달동네 생활

1983년 11월 20일 인천 경동 신신예식장에서 결혼식을 하고, 송도 유원지에서 피로연을 마친 인구와 연희는 근처 숙소에 들어갔다. 인구를 거꾸로 눕혀 발바닥을 때리던 짓궂은 친구들이 숙소까지 따라왔다. 인구는 거나하게 취한 친구들을 달래 택시를 태워 집으로 보냈다. 연희와 신혼여행도 갈 수 없는 형편에 조촐하게 마련한 첫날 밤을 주정뱅이 친구들 때문에 망쳐버릴 수는 없었다.

인구가 서울 용산구 남영동에 위치한 충무공예가구에서 인천 배다리 미주종합목재로 일터를 옮긴 건 8개월 전이다. 중구 유동삼거리에 있는 중앙초등학교(현 인천정보산업고등학교, 구 인천고등학교) 건너편 철길 쪽으로 공예사가 아주 많았다. 전원공예사, 고전조각공예사, 수도공예사, 서울공예사, 대한공작소 등. 인천에서 나무 만지는 사람들은 전부 다 배다리에 있다고 해도 과언이 아니었다.

고전조각사에서 일하던 친구 정훈이 인구에게 미주종합목재를 소개했고, 책임자급으로 오게 되었다. 송림동에서 출퇴근하게 되어 시간과 비용은 절약했지만 자주 임금이 밀렸다. 책임자라는 이유로 다른 직원들보다 더 임금을 늦게 받았다. 인구는 결혼식을 앞두고 큰돈이 필요했는데, 사정이 어렵다는 대답이 돌아왔다. 인구와 연희는 신혼여행을 다음으로 미루고, 송도유원지에서 둘만의 소중한 시간을 보내기로 했다.

다음날 인구와 연희는 송림동 집으로 갔다. 방마다 가득한 시삼촌과 시이모네 식구들에게 새색시는 관심의 대상이었다. 특별한 대화가 오가지 않았는데도 그들은 연희와 같이 시간을 보내고 싶어 했다. 안방에 연희의 시어머니 남숙, 시아버지 형우, 시이모 혜숙과 인순, 시삼촌 경수가 둘러앉아 담배를 피웠다. 방 안에 담배 연기가 자욱했다. 비염을 앓고 있는 연희는 콧물이 나고 자꾸만 재채기했다. 장작불 살피러 간다는 핑계로 자리에서 일어나 마당으로 나왔다. 연희는 숨을 크게 들이쉬었다. 맑은 공기를 폐 안에 채우자, 재채기가 줄어들었다.

송림동 집은 나무로 불을 때 생활하고 있었다. 형우가 일하는 참외전거리에서 틈틈이 사과 궤짝이나 생선 궤짝을 구해와 뒤뜰에 쌓아놓고 땔감으로 썼다. 아궁이에 솥을 걸어 밥을 안쳤다. 계속 두면 뜨거운 불에 밥이 타니까 숯을 아궁이 앞으로 꺼내놓고 뜸을 들였다. 벌건 숯불 위에는 삼발이를 올려놓고 석쇠에 김을 구웠다. 김은 미리 재어 놓은 거다. 솔로 참기름을 골고루 발라놓고 그 위에 소금을 뿌려서 열 장, 스무 장씩 꼭꼭 재서 돌돌 말아두었다가 밥 뜸 들이는 동안 달궈진 숯불에 구워 먹으면 아주 맛이 좋았다.

석유곤로(풍로)에서는 찌개를 끓였다. 사용할 때마다 일일이 심지에 불을 붙여야 했고, 켜고 끌 때 진한 석유 냄새가 났다. 경수의 막내딸 명화는 그 냄새가 좋아서 코를 킁킁거렸다. 그 모습을 연희가 보고 귀여워서 피식 웃었다. 남인천여자중학교 1학년에 다니고 있는 명화는 연희와 친해지고 싶었다. 명화는 연희에게 롤러장에 가

봤냐고 물었다. 연희는 태어나서 한 번도 롤러스케이트를 타본 적이 없다고 말했다. 둘은 주말에 동인천 자유공원에 있는 롤러장에 가기로 약속했다.

만국기가 펼쳐져 있고, 디스코 음악이 흘러나오는 롤러장은 생기가 넘쳤다. 명화는 바퀴가 달린 신발을 신고 쌩쌩 잘 달렸다. 뱅글뱅글 돌면서 넘어지지도 않았다. 연희는 마음과는 다르게 다리가 후들후들 떨렸다. 다리에 힘을 줘 바퀴를 밀어보려고 할수록 몸의 중심을 잡기가 어려워 이상한 모양새가 되어버렸다. 팔과 다리가 따로 노는 듯한 엉거주춤한 몸짓으로 몇 번의 시도를 해보았으나 잘 안되었다. 연희는 바퀴 달린 신발을 벗어버렸다. 명화에게 조금 더 롤러스케이트를 타고 오라고 말하고, 롤러장 옆 동물원으로 갔다.

자유공원 동물원에서 새를 보며 앉아 있는데 명화가 왔다. 명화는 자유공원에 몇 년 전만 해도 놀이공원이 있었다고 알려주었다. 문어발, 회전 그네 같은 재미난 놀이기구들이 있었는데 지금은 수봉공원으로 옮겨졌다고 말이다. 다음에 같이 놀러 가자는 말에 고개를 끄덕이며 맥아더 동상과 팔각정을 구경하러 갔다.

명화에게는 8살 위의 언니 명진이 있었다. 명진은 연희보다 2살 어렸다. 연희는 24살 명진은 22살. 나이 차이도 얼마 나지 않고 죽이 잘 맞아 자주 어울렸다. 한 번은 영화가 보고 싶어서 떡볶이를 먹으러 갔다. 수도국산 언덕에서 현대시장 쪽으로 내려가다 보면 제삼교회 담벼락 밑에 떡볶이 가게가 있었다. 극장의 영화를 홍보하는 사람들이 담뱃가게나 구멍가게에 영화 포스터를 붙이고, 주인에게 표를 몇 장씩 주고 갔다. 그럼 주인은 표를 반값에 팔았다. 연희와 명진은 떡볶이를 사 먹으면서 영화표 두 장을 달라고 했다.

동인천에는 영화관이 많았다. 문화극장, 애관극장, 키네마극장은 개봉관이어서 영화표 값이 비쌌다. 개봉관에서 영화 상영을 마치고 난 뒤에 필름을 받아 상영하는 제2 상영관들이 있고, 현대극장은 가장 마지막으로 영화 필름이 넘어오는 곳이었다. 인기가 있는 영화는 필름을 많이 돌려서 낡기도 했다. 현대극장에서는 상영 중간에 필름이 끊어지면 잠시 쉬는 시간을 갖고, 다시 이어서 보여주기도 했다. 개봉영화를 조금 기다려서 봐야 했지만, 개봉관보다 값이 저렴하고, 떡볶이를 먹으면 표도 반값에도 구매할 수 있어서 수도국산 달동네 사람들이 종종 현대극장을 찾았다.

연희와 명진이 자리를 잡고 앉았다. 영화가 시작되고 얼마 되지 않아 어떤 남자가 명진의 옆자리에 앉아 말을 걸었다. 명진은 불쾌했다. 연희의 옆구리를 쿡쿡 찔러 나가자고 신호했다. 두 사람이 일어서자, 그 남자가 따라서 일어났다. 극장을 나와 밝은 빛에서 보니 동네 건달 같았다. 재빨리 현대극장에서 사람이 많은 현대시장으로 달려갔다. 그 남자는 더는 쫓아오지 못했다.

밤이 되어 연희는 인구에게 영화관에서 있었던 일을 이야기했다. 인구는 버럭 화를 냈다. 무슨 사고라도 났으면 어쩔 뻔했냐며 나무랐다. 연희는 잘못한 사람은 그 남자인데, 도리어 자신에게 화를 내는 인구가 황당했다. 다음날까지도 서운한 마음이 풀리지 않았다. 이를 눈치챈 인구가 저녁에 연안부두에 가서 데이트하자고 했다. 연희는 알았다고 하면서 쉽게 용서해주지 말아야지 하고 생각했다.

인구와 연희는 갯벌을 매립해 새로 만들어진 연안부두에 갔다. 식당에 들어가 멍게와 산낙지를 시켰다. 경상남도 진주 시골에서 살다 온 연희는 인천에 와서 멍게와 산낙지를 처음 먹어봤다. 생긴 건 징그러웠는데 너무 맛있어서 한 접시를 다 먹었다. 멍게 향이 참 좋아서 콧속이 시원해지는 기분이었다. 그 사이 인구에게 서운했던 감정도 누그러졌다. 인구가 미안하다고 말했다. 연희는 멍게와 산낙지 한 접시와 함께 인구를 용서했다.

집마다 사연과 아픔을 이해하는 여자들

## 달동네 여자들의 계

수도국산 달동네에서 남숙은 별명 붙이기의 달인이었다. 주로 생김새 특징이나 행동으로 별명을 붙이곤 했는데, 빼빼하게 말랐다고 해서 '빼 아줌마', 뭔가를 자꾸 까먹고 잊어버린다고 해서 '덜렁이 아줌마'라는 식이었다. 자식이나 손주의 이름으로 별명을 붙이는 경우도 있었다. 넓은 마당을 가진 동네 여자의 딸은 미국 사람과 결혼하고 이민 갔다. 그 딸이 낳은 아이의 이름이 '쫜'이라고 했고, 그 발음이 어려웠던 남숙은 '짜니'라고 불렀다. 그래서 그 넓은 마당을 가진 여자의 별명이 '짜니 할머니'가 되었다. 별명은 중간에 바뀌기도 했다. 얼굴이 까무잡잡한 동네 여자에게 '깜상'이라는 별명을 지어주었는데, 이 여자에게 눈에 넣어도 안 아플 예쁜 손주가 생긴 것이다. 깜상 아줌마가 있는 곳에는 항상 우남이가 있었다. 손주가 그렇게 좋냐고 물으면, 말해 무엇하냐는 대답이 돌아왔다. 매일 손주를 등에 업고 수도국산을 돌아다니는 '깜상 아줌마'를 동네 여자들은 점점 '우남이 할머니'라고 부르기 시작했다.

'우남이 할머니'는 동네 마당발이자 반장 아줌마였다. 집집마다 사연과 아픔을 알고 있는 사람이었다. 우남이 할머니는 정기적으로 여자들을 모아 '계'를 했다. 오랫동안 얼굴을 보아왔고, 성품이 나쁘지 않은 여자들에게 금계나 돈계를 같이하자고 제안했다. 남숙에게도 제안이 왔다. 계를 하나 같이 하자는 말에, 남숙은 단번에 거절했다. 없이 사는 동네에서 여자들이 모여 계를 하는 건 너무나 불안하다고 생각했기 때문이다. 우남이 할머니는 중간에 무슨 일이 생기면 자신이 다 책임을 진다고 했다. 믿을 수 있는 여자들이라고 자신의 안목을 믿어보라고 했다. 남숙은 우남이를 업고 있는 얼굴이 까만 여자를 물끄러미 바라봤다.

갖은 고생으로 얼굴이 까만 이 여자가 억척스럽다고 생각되었다. 남숙은 한때, 우남이 할머니와 용광로 쌓는 일을 하러 다녔다. 그 안은 불구덩이 같았다. 여자들이 용광로용 벽돌을 날라주면 남자 기술자들이 널빤지에 올라가서 탁탁 이어 붙였다. 땀이 계속 흘렀고, 침을 뱉으면 끈적했다. 일당이 세서 가긴 했지만 아주 위험했다. 남숙은 벽돌을 건네다 넘어진 이후로 병원 신세를 져야 했고, 치료비를 주지 않는 일용직 일은 나가지 않겠다고 했다. 우남이 할머니는 연락이 오면 언제든 용광로 일을 하러 나갔다. 동네 여자들을 하나, 둘 데리고 가기도 했는데, 일이 너무 힘들어서 오래 버티는 사람은 없었다. 악착같이 꾸준히 하는 여자는 우남이 할머니뿐이었다. 그 오랜 노동의 시간이 거뭇한 얼굴에 보였다.

남숙은 결국 계모임에 나갔다. 열 명의 여자들이 우남이 할머니네 안방에 모였다. 오다가다 몇 번 마주친 여자도 있었고, 처음 보는 여자도 있었다. 같은 동네이긴 했지만, 골목 줄기가 달라서 서로의 속사정을 알지는 못했다. 우남이 할머니만 믿고 온 거다. 심지를 뽑아 순서를 정했다. 계주인 우남이 할머니가 첫 번째고, 2번부터 10번까지가 정해졌다. 여자들은 순서를 놓고 다시 상의한다. 자식의 결혼이나 대학입학 같은 목돈이 들어가야 하는 달을 이야기하고, 바꿔 달라고 하는 거다. 남숙은 2월에 막내 상규가 고등학교를 졸업했고, 11월에 첫째 인구가 결혼식을 올려서 당분간 목돈 들어갈 일은 없었다. 둘째 도영도 사회생활을 잘해나가고 있던 터라 다른 여자들에게 순서를 양보했다.

계모임은 아주 잘 흘러갔다. 수도국산 달동네에서 오래 살아온 우남이 할머니가 모아 온 여자들은 남편이나 시부모가 집주인으로 살고 있었다. 세 들어 사는 사람이 없었다. 이사 가거나 연락 두절될 소지가 적은 사람으로 계를 꾸린 것이다. 정해진 날짜까지 돈을 마련해오지 못하는 경우 계주인 우남이 할머니가 채워 넣고, 나중에 갚기도 했다. 다른 계 모임에서는 곗돈을 먼저 타 먹고 날랐다더라, 집을 나가서 찾을 길이 없다더라 하는 소문들이 돌기도 했는데, 그 이유를 짐작해 보면 고개를 끄덕이게 하는 구석들이 있었다. 이해와 원망과 아쉬움과 답답함 사이를 오가다, 서로의 고충을 들어주고, 맞장구를 쳐주고, 반찬거리를 얘기하다가 헤어지는 날들이 이어졌다.

평범한 일상을 보내다 사건은 하루아침에 일어났다. 남숙의 남편 형우가 갑자기 일어나지 못하게 된 것이다. 전날만 해도 참외전거리에서 일하고 기분 좋게 막걸리를 한잔 걸치고 집에 들어왔는데, 자는 동안 혈관이 막혀 뇌경색이 왔다. 오른쪽 팔과 오른쪽 다리가 움직여지지 않았다. 아무리 꾹꾹 눌러 주물러도 소용이 없었다.

아들 인구는 형우를 업고 배다리에 있는 한의원으로 갔다. 의원은 중풍에는 금침을 놓는 것이 제일이라며, 빨리 손을 쓰지 않으면 영영 반신불수로 살아야 한다고 말했다. 금침은 비쌌지만, 가격을 재고 있을 틈이 없었다. 형우를 치료하는 것이 중요했다. 하루에 한 번씩 한의원에 가서 금침 세 대를 맞았다. 숟가락질은 왼손으로 하고, 지팡이를 짚고 마당에 나와서 걷는 연습을 했다. 마당 끝에 있는 화장실에 가려면 시간이 한참 걸렸다. 속이 안 좋을 때는 화장실까지 도착하지 못하고, 바지에 실례한 적도 있다. 형우의 옷가지를 벗겨 깨끗이 빨아 널고, 몸을 닦는 일은 남숙의 몫이었다. 수건에 물을 묻혀 살집이 있는 넓적한 등과 팔뚝, 두툼한 손을 닦았다. 희끗희끗한 턱수염을 정리해주고, 입가에 침이 고이지 않도록 말끔히 얼굴을 닦아주었다.

남숙이 취로사업도 나가지 못하고 집에서 형우를 돌보는데 우남이 할머니가 찾아왔다. 우남이 할머니는 남숙에게 돈을 건넸다. 눈이 휘둥그레져서 무슨 돈이냐고 물었더니 곗돈이라고 했다. 아직 차례가 되지 않았는데 남숙의 처지를 알고, 여자들이 논의해 순번을 바꿨다고 했다. 당장 큰돈 들어갈 일이 많을 텐데, 먼저 쓰고 남편부터 살리라고 말이다. 생각지 못한 배려에 남숙은 감동했고 고맙다는 말을 여러 번 했다.

한 달이 지나자, 형우는 지팡이 없이도 조금씩 걸을 수 있게 되었다. 남숙은 계모임에 나갔다. 여자들을 만나 이해와 원망과 아쉬움과 답답함 사이를 오가다, 서로의 고충을 들어주고, 맞장구를 쳐주고, 반찬거리를 이야기하다가 헤어지는 날들을 다시 이어갔다.

송현교회에서 올린 결혼식

## 남숙의 둘째 딸 도영의 결혼

저기요, 하고 누군가 도영을 불렀다. 뒤를 돌아보니 처음 보는 남자였다. 누구세요? 하고 물었더니 요 앞에 대우자동차에 다니는 사람인데 미팅 자리 좀 봐줄 수 있냐고 했다. 도영이 일하는 부평 대한마이크로 회사는 여직원들이 많아서 가끔 출근길에 미팅 제안을 받곤 했다.

도영은 연애에 대해서 전혀 관심이 없었다. 딱 한 번 TBC에서 방송하는 <행운의 청춘열차> 프로그램 녹화 현장에 따라간 적이 있는데, 참여자로 간 것이 아니었다. 방송국이 너무 궁금해서 인솔자를 자청했었다. 김웅래 PD가 연출하고, 코미디언 배일집과 허원이 사회를 보는 <행운의 청춘열차>는 회사 대 회사의 단체 맞선 프로그램으로 직장인들에게 인기가 좋았다. 이 프로그램으로 결혼한 사람들은 가끔 신문에 공개되기도 했다.

맞은 편에 대우자동차 직원 4명이 보였다. 참여자 8명은 서로를 탐색하기에 바빴다. 도영은 맞선 프로그램도 재밌지만, 처음 와 본 방송국이 신기하고 재밌어서 눈이 휘둥그레졌다. 텔레비전 화면으로 보던 것들이 만들어지는 과정을 직접 눈으로 보고 있다는 것이 흥미로웠다. 아침 9시에 출발해서 밤 9시가 넘어서 인천에 도착했는데, 하나도 피곤하지 않았다. 구경하는 것만으로도 행복하고 좋았다. 그날 한 커플이 탄생했고, 커플이 되지 않은 사람들도 모두 즐거워했다.

도영은 몸을 움직이는 걸 좋아했다. 회사 체육대회 때 프로그램을 만들고 진행하는 활동을 도맡았다. 앞에 나가 마이크를 잡고 사회를 보기도 했다. 동료들은 유쾌하고 활동성 좋은 도영을 좋아했다. 대한마이크로 회사에는 써클이 여러 개 있었는데, 여자들은 일하면서 취미 생활을 같이했다. 도영은 합창단에 들어갔다. 음색이 높고 고와 소프라노를 맡았다. 합창단에서는 제17회 인천시민의 날 합창경연대회를 앞두고 있었는데, 인천시가 경기도에 속해있다 직할시로 승격되면서 행사의 의미가 커졌다. 일주일에 며칠씩 일을 마친 후 강당에 모여 연습을 했고, 1981년 5월 10일 대한마이크로 합창단은 금상을 받았다.

수상 소식이 전해지자 회사 동료들이 축하 인사를 건넸다. 가족들도 그랬다. 도영의 오빠 인구는 나중에 결혼식 때 꼭 축가를 불러 달라고 진담 반, 농담 반으로 이야기했다. 도영은 꾸준한 사람이었다. 자신은 언제고 노래를 하고 있을 테니, 그때 가서 말하라고 했다. 1983년 11월 인구는 신신예식장에서 연희와의 결혼을 앞두고, 도영에게 축가를 불러 달라고 했다. 도영은 2년 전의 축하와 약속을 기억하고 있었다.

나 봄에 결혼해, 라고 도영의 직장 동료 현숙이 말했다. 대한마이크로 회사에서 동갑내기 단짝 친구였기에 도영은 꼭 선물해주고 싶었다. 무엇을 받고 싶냐는 물음에 현숙은 결혼식 때 와서 축가를 불러 달라고 했다. 도영은 축가는 얼마든지 불러줄 수 있는데, 필요한 건 없냐고 물었다. 현숙은 도영의 어려운 집안 사정까지 알고 있었기에, 결혼식 때 와서 축가를 불러주는 것으로도 큰 선물이라고 했다.

현숙은 부평에서 결혼식을 올렸다. 거기, 축가를 부르는 도영에게서 눈을 떼지 못하는 한 남자가 있었다. 바로 신랑의 직장 후배 대성이었다. 대성은 결혼식이 끝난 후, 선배에게 도영을 소개해 달라고 여러 번 졸랐다. 끈질긴 부탁에 현숙이 자리를 마련했고, 도영은 마지못해 나갔다. 철도청 구둔역(경기 양평)에서 근무한다는 남자는 눈이 반짝반짝하고, 머리가 아주 좋아 보였다. 첫인상이 나쁘지는 않았는데, 연애라는 걸 한 번도 해본 적 없는 도영은 어색하기만 했다.

평일에는 회사에서 일하고, 주말에는 동인천 송현교회에 간다는 도영의 말에 대성이 주말마다 교회에 나오기 시작했다. 도영은 교회 찬양단이었다. 예배가 시작되기 전 노래와 율동을 준비하는 사람이었다. 대성은 일찍 예배당에 나왔다. 오직 도영을 만나기 위해서다. 처음엔 쭈뼛거리고 엉거주춤하며 뭘 해야 하는지 몰라서, 멀뚱멀뚱 앉아만 있었다. 몇 주가 지나자 도영의 맑은 노랫소리를 따라 자신도 흥얼거리고, 아기자기한 율동을 따라 하며 몸을 조금씩 움직이기 시작했다. 도영은 자신을 따라 몸을 움직이는 대성이 귀여워, 점점 마음을 열기 시작했다.

도영과 대성은 송현교회에서 결혼식을 올렸다. 유치부실은 신부대기실로 사용했다. 벽에 피터팬과 팅커벨, 웬디와 동생들이 하늘을 날아가는 그림이 걸려있다. 도영이 직접 손으로 그려서 포스터 컬러 물감으로 칠해 오려 붙인 그림이다. 지난 여름 성경학교 때 사용하고, 유치부실에 옮겨 달아두었다. 그 배경으로 마련된 신부 대기실에서 도영을 축하하기 위해 온 하객들과 사진을 찍었다.

1986년 4월 5일, 축가를 부르던 도영이 축가를 받는다. 도영과 대성의 새로운 세계를 응원하는 많은 사람의 합창 소리가 울려 퍼지는 날이다.

# 눈 온 날, 연탄가스와 동치미

## 인천시 표창장을 받은 연희

한밤중에 마당에서 쿵 하는 소리가 들려 인순과 선애가 방에서 뛰어나왔다. 화장실 가는 길목에 하얗게 쌓인 눈 위로 연희가 쓰러져 있었다. 인순이 달려가 연희를 부축해 볼때기를 찰싹 때렸다. 몽롱한 얼굴로 몸이 축 늘어져 정신을 차리지 못했다. "성"하고 큰 목소리로 남숙을 불렀다. 자다 일어난 남숙과 형우는 마당에 쓰러져 있는 연희를 보자 하늘이 노래졌다. 형우는 대문 옆에 놓인 장독대에서 동치미 국물을 한 사발 떠와 연희에게 먹였다. 차가운 동치미 국물이 목구멍으로 넘어가자 조금씩 정신이 들기 시작했다.

나무로 불을 때던 송림동 집에 연탄을 놓은 지는 얼마 되지 않았다. 연희가 시집올 당시만 해도 아궁이에 나무로 불을 피워 생활했다. 동인천이라고 해서 시내인 줄 알았는데 수도국산 달동네에 직접 와서 보니 시골이 따로 없었다. 그때부터 줄곧 연탄을 놓아 달라고 인구를 졸랐다. 2년 정도 지났을 때 남숙의 남편 형우가 중풍으로 쓰러졌고, 나무를 해 올 사람이 없게 되자 연탄을 놓았다. 구들장을 뚫어 연통을 빼낸 것이니 연료만 나무에서 연탄으로 바뀐 꼴이다.

발목까지 파묻힐 정도로 눈이 아주 많이 내리는 날이었다. 이런 날은 연탄불도 잘 안 붙는다. 연기가 배기관 밖으로 빨리 나가지 못하고, 연통을 막아 버린다. 불이 피어오르지 않고 연탄가스가 공기를 가득 메운다. 연희는 연탄을 갈고 깜빡 잠이 들었는데, 그 사이 사달이 난 것이다. 머리가 지끈거렸다. 방에서 어떻게 문을 열고 마당까지 나오게 되었는지도 기억나지 않았다. 정신이 조금씩 깨어 몸을 움직이려고 하자 형우는 무리하지 말라며, 동치미 국물을 권했다.

인구가 집에 도착했을 땐 한바탕 소동이 일어나고 난 뒤였다. 자신이 없는 사이에 연희가 큰 화를 당할 뻔한 걸 알고 속이 상했다. 미리 안전을 점검하지 못한 자신을 탓했다. 인구는 결혼 후 1985년 4월, 직접 사업자를 내고 신흥동에서 공방을 시작했다. 연구를 거듭해 무늬목 상감으로 뛰어난 실력을 인정받았고, 보루네오 가구에 물품을 납품하며 직원도 많아지던 때였다. 연희와 송림동 식구들에게 소홀했다는 생각에 미안한 마음이 들었다.

연희는 인구에게 정 미안하면 소원을 하나 들어달라고 했다. 남숙의 둘째 딸 도영이 결혼식을 올리고 남숙과 형우에게 제주도 여행을 보내준다고 하는데 거기 따라갈 수 있게 비용을 보태 달라는 것이다. 형우가 한의원에서 금침을 맞고 걸을 수 있게 되긴 했으나 곁에서 보살펴줄 사람이 필요하다는 것이 이유였다.

1986년 남숙과 형우와 연희는 비행기를 타고 제주도에 갔다. 공항에 내리니 관광 가이드가 기다리고 있었다. 전세버스에서 다른 일행들과 만나 일정을 시작했다. 첫 번째 코스로 폭포에 갔다. 남숙은 처음으로 비행기를 타고 가는 여행이라고 한복을 곱게 차려입고 갔다. 이동할 때마다 여간 불편한 게 아니었지만, 나들이복 예우를 갖춰야 한다고 생각했다. 형우는 단체로 이동할 때마다 뒤처졌다. 뒤뚱거리는 걸음으로 주먹을 꽉 쥐고, 땀을 뻘뻘 흘리면서 따라다녔다. 딸이 처음으로 보내주는 제주도 여행이라 남숙과 형우에겐 의미가 남달랐다. 연희 또한 처음 와보는 제주도가 신기하고 좋았다. 특히 해녀가 물질해서 잡아 온 해산물을 도마 위에 올려놓고 바로 썰어 먹는 게 아주 맛있었다. 인구가 준 용돈으로 남숙과 형우와 2박 3일을 제주도에서 행복하게 보냈다.

인천으로 돌아온 형우는 매일 걷는 연습을 했다. 걸음은 많이 좋아졌는데 기운이 예전 같지 않았다. 참외전거리에 나가 다시 예전처럼 리어카를 끌며 일한다는 건 불가능했다. 운동 갔다가 사람을 만나 막걸리를 먹고 취해서 들어오는 날이면 남숙과 다투었다. 그러다 어느 날 안면 마비가 왔다. 입이 귀 쪽으로 올라가 얼굴이 찌그러진 모양이었다. 물조차 마시기 힘들었다. 또다시 치료가 시작되었다.

대문 밖으로 나가지 못하는 형우를 위해 연희가 직접 머리카락을 잘라주겠다고 했다. 마당에 의자를 하나 놓고, 형우를 앉혔다. 형우의 목에 분홍색 보자기를 두르고, 왼손에는 빗을 오른손에는 가위를 들고 머리카락을 자르기 시작한다. 검은 머리카락보다 흰 머리카락이 더 많고, 수염도 거의 다 흰색이다. 숱도 적은 머리카락을 꽤 오래 붙잡고 있다. 처음 해보는 솜씨다. 손잡이가 달린 동그란 거울을 들어 얼굴을 비춰준다. 형우의 비뚠 얼굴에서 웃음이 새어 나온다.

연희는 매달 송림동 집 마당에서 시아버지의 머리카락을 다듬었다. 형우는 중풍이 나아졌다가 나빠졌다가를 반복했다. 1995년 송림1동 반장과 통장의 추천으로 연희는 인천시청에서 어버이날 맞이 표창장을 받았다.

제1102호 표창장.
인천광역시 동구 송림1동 181번지. 연희.
위 분께서는 평소 지극한 정성으로 어버이를 봉양하고 화목한 가정을 가꾸어 오면서 경로효친의 미풍양속을 선양하는데 기여한 공이 크므로 제23회 어버이날을 맞이하여 이에 표창합니다.
1995년 5월 8일. 인천광역시장 이영래.

# 배다리 공예상가에 '나래공방'을 열다

## 인구의 무늬목 상감, 연희의 부업

연희와 결혼하고 얼마 되지 않아 인구는 직장을 그만뒀다. 연희는 시가족 많은 집에 남편 하나 보고 시집왔는데 무슨 날벼락인가 싶었다. 미주종합목재 책임자급으로 어깨가 무거워서도, 자주 밀리는 임금에 화가 나서도 아니었다. 무늬목 상감을 연구하고 싶다는 것이 이유였다. 찢어지게 가난한 집에서 연구라니, 이 무슨 태평하고 배부른 소리인가…

인구는 화장실 옆 창고 방에 책상을 하나 갖다 놓고 '연구'라는 것을 시작했다. 아침밥 먹고 방에 들어가 책을 읽고, 점심밥 먹고 방에 들어가 종이에 그림을 그리는 날들이 반복되었다. 그러다 어느 날에는 왕십리 공업사에서 스카시 기계 뼈대와 부속품을 사와, 직접 조립해 만들었다. 송림동 수도국산 달동네 꼭대기 집, 화장실 옆 좁은 방에 책상 하나와 스카시 기계가 놓이니 사람 하나 들어가면 꽉 찼다. 인구는 드레싱 페이퍼에 그림을 그려가 동구청 앞 가게에서 청사진을 뽑아왔다. 커터칼로 오려서, 합판에 붙이고, 합판 밑에 얇은 무늬목을 여러 개 겹쳐서 스카시 기계로 오렸다. 드르륵드르륵 기계 소리가 날 때마다 연희의 마음도 같이 울렁거렸다.

부업 안 할래? 막내 시이모 인순이 연희에게 물었다. 라이터 회사에 다니는 사위가 물건을 날라주면 방에서 조립만 하면 된다고 했다. 연구라는 것이 언제 끝날지 모르는 마당에 연희는 푼돈이라도 벌어야겠다는 심경으로 부업을 시작했다. 일은 쉽고 단순했다. 라이터 속에 고무 패킹을 넣어 조립하면 완성이었다. 라이터 물량이 없을 땐 다른 부업을 맡아 했다. 플라스틱 통 안에 잉크 심과 스프링을 넣어 볼펜을 조립하기도 하고, 둥그런 플라스틱 몸통에 빗살을 하나씩 꽂아 빗을 만들기도 했다. 간단하고 어렵지 않은 일인데 반복하다 보니 눈이 침침하고 어깨가 쑤셨다.

연희는 차라리 도라지 까는 일이 더 좋았다. 현대시장에서 아침에 도라지를 가져와 낮에 까서 저녁에 사람 몰리기 전에 갖다주면 돈을 꽤 받았다. 그 돈으로 무 사고, 파 사고, 콩나물 사고, 생선까지 사고도 남을 정도였다. 한가득 장을 보고 집에 돌아와서 저녁을 차리면 골방 연구실에서 인구가 나왔다. 이런 결혼 생활은 상상도 못했지만, 별수 없었다. 딱 1년이 지나고 인구는 연구가 끝났다고 말했다. 나무가 가진 본연의 색깔로 문양을 만드는 기술은 자신이 최고라고 자부했다.

1985년 인구는 숭의동에 사무실을 얻어 공방을 차렸다. 무늬목 상감 기술을 가구 회사에 선보여 계약을 따냈다. 주로 장롱이나 장식장 같은 가구에 들어가는 문양이었고, 솜씨가 좋았다. 직원이 12명으로 늘었고, 지금껏 만져보지 못한 큰돈을 벌게 되었다. 인구는 남숙에게 돈을 보이며 이제 환갑인데 쉬엄쉬엄 일하라고 했다. 돈을 보고도 크게 기뻐하지 않는 얼굴이 조금 이상했다. 할 말이 있어 보였다. 남숙은 그동안 동네 여자들에게 조금씩 꾸어 온 돈에 대해 말했다. 아직 갚지 못한 돈이 얼마인지 세어보았다. 송림동 집에 들어와 방 한 칸씩 차지하고 사는 동생들(혜숙, 인순, 경수)의 집까지 지고 살아온 이야기였다. 조카들 수업료와 수학여행비까지 꼬박 챙기며 악착같이 살아온 것이었다. 인구는 남숙의 빚을 갚아 나갔다. 갚는 와중에도 사건은 끊이지 않았다. 형우에게 중풍이 왔고, 한의원에서 일반 침보다 몇 배가 비싼 금침을 맞았다. 인구는 치료비를 댈 수 있어 다행이라는 생각이 들었다.

다음 해 인구의 여동생 도영이 동인천 송현교회에서 결혼식을 올렸다. 인구는 거래처인 보르네오에 가서 신혼부부에게 제일 인기 좋은 가구로 보여달라고 했다. 화장대, 장롱, 장식장, 텔레비전 다이까지 풀세트로 구매해 경기도 용문 신혼집으로 보내 달라고 했다. 그러면서 혹시 하자가 있는 B급 상품도 판매하냐고 물었더니, 더 저렴한 가격에 할인해서 판매한다고 했다. 상품을 보니 전문가가 봐도 차이점을 잘 모를 정도였다. 인구는 B급 장롱과 장식장을 추가로 송림동으로 배달해 달라고 했다.

인구는 공방에서 사업에 힘을 쏟으면서도 연구를 계속했다. 우리나라 단청 문양을 상감으로 표현한 필통을 만들고, 십이지와 탈 문양의 열쇠 손잡이와 열쇠고리, 다용도 합 등을 만들어 무늬목 상감 기술이 일상에서 이용될 수 있도록 고민했다. 공방에 필통, 연필꽂이, 열쇠고리, 시계, 나무 빗, 머리핀 등 나무로 만든 공예품 위로 톱밥이 쌓여 갔다. 이때 동료 목수 경배가 제안을 하나 했다. 배다리 지하상가에 가게를 하나 차려서 공예품을 판매해보라는 것이었다. 인구는 공방에서 기계를 다루고 물건을 만들어 납품해야 했다. 가게를 지키고 있을 여유가 없었다. 게다가 구매하려는 사람도 많지 않을 것 같았다. 고민을 연희에게 말하니, 자신이 가게에 나가면 어떠냐고 했다. 집에서 배다리까지 가까워서 큰 어려움은 없을 것 같다며 말이다. 1996년 인구와 연희는 공예품을 소개하고 판매하는 가게를 배다리 지하상가에 열고, 나래공방이라고 이름 붙였다.

연희는 가족들이 출근하면 집을 치우고 빨래해서 널어놓고 배다리 지하상가에 갔다. 가게 문을 열고, 공예품을 진열하면, 맞은편 가게들도 하나둘 문을 열기 시작했다. 화장품 가게 여자와도 가방 가게 여자와도 인사하고 커피 마시며 잘 지냈는데, 자주 어울려 논 사람은 건너편 그림 파는 여자다. 가게 이름은 명인방. 그림과 사진을 주로 팔았다. 액자에 담긴 명화, 확대한 영화 사진 같은 걸 팔았고 젊은 사람들에게 인기가 있었다. 지하상가에서 제법 손님이 있는 가게라고는 하지만 유동 인구가 워낙 없다 보니 종종 심심하고 지루했다. 명인방 여자가 연희에게 말했다. 나래야, 극장이나 가자.

명인방 여자가 연희를 데리고 간 곳은 애관극장이나 미림극장 같은 영화를 보는 극장이 아니었다. 배다리에서 기독병원 가는 길에 있는 연극 보는 극장이었다. 극장 이름은 돌체였다. 연희는 태어나서 처음으로 연극을 보러 갔다. 제목은 '소리 없는 아우성'이었다. 연극이라고 하면 배우들이 말도 하고 떠들 줄 알았는데, 제목처럼 아무 소리도 하지 않았다. 배우들이 몇 명 나와서 전철 타고 출퇴근하면서 신문 보는 체했다. 몸과 표정으로 보여주는데 무슨 이야기를 하는지 다 알아들을 수 있는 게 신기했다. 관객들도 조용히 집중했다. 처음 와보는 연극 극장이 낯설지만 좋았다.

연희와 명인방 여자는 가끔 심심하고 지루할 때면 가게 문을 열어놓고 놀러 나갔다. 가게는 주변 가게 여자들이 돌아가면서 봐줬다.

자유공원에서 진행하는 미스인천 선발대회를 구경하러 가고, 도원 수영장에 가서 물장구를 쳤다. 발차기를 열심히 해도 앞으로 나가지 않고, 물속에 머리를 넣고 '음파 음파' 하는 것도 잘 안되지만 그래도 재밌었다. 둘은 해가 지기 전에 배다리 지하상가에 돌아온다. 가게를 정리하고 문을 닫는다. 물건을 한 개도 팔지 못하는 날이 대부분이었다. 그래도 연희는 다음 날도 그다음 날도 가게에 나온다.

# 사춘기 상규 인생의 변곡점
## '호산나 합창단'

## 상규와 우정을 나누는 연희

일요일 이른 아침, 상규는 부엌과 안방 사이 문지방에 걸터앉아 남숙에게 오백 원을 달라며 떼쓰고 있었다. 붕어 낚시 가려면 왕복 버스비가 필요했고, 점심으로 라면이라도 하나 사 먹고 와야 했기에 돈이 필요했다. 아끼고 아껴 최소한으로 오백 원을 달라고 하는데, 남숙은 거들떠보지도 않는다. 남숙이 다니는 길목을 버티고 서서 온몸으로 땡깡 부리고 있는데, 그 모습을 보고 있던 도영이 상규에게 말했다.

"야, 그냥 누나하고 교회나 가자."

도영은 입이 한 됫박 튀어나온 상규를 데리고 송현성결교회에 갔다. 교회에 처음 와 본 상규는 어색해서 몸을 더 빌빌 꼬았다. 차마 유치부 교사 회의에 데리고 갈 수는 없어서, 잠시 고등부실에서 기다리라고 했다. 고등부 예배가 시작되려면 1시간이나 남아있었고, 상규는 텅 빈 예배실에서 멀뚱멀뚱 앉아 있었다. 조금 있자 상규 또래로 보이는 아이들이 하나, 둘 들어왔다. 누군가 상규에게 아는 체를 했다. 송림초등학교 동창이었다. 졸업하고 3년도 더 지나 오랜만에 만나니까 반갑고 할 말도 많았다. 옆자리에 꼭 붙어 초등학교 때 얘기를 하며 떠들다가 동창은 상규가 노래를 좋아하던 게 생각이 나서 말했다.

"상규야, 성가대 할래?"

유치부 교사 회의를 마치고 고등부실에 온 도영은 깜짝 놀랐다. 태어나서 처음으로 교회에 온 상규가 가운을 입고, 성가대원들 사이에 앉아 있었기 때문이다. 깜짝 놀란 건 도영만이 아니었다. 고등부 예배 시간에 목사님은 새 신자를 소개하며, 자리에서 일어나라고 했다. 학생들이 두리번거리며 새 신자를 찾았다. 그때 성가대원 사이에서 수줍게 상규가 일어났다. 전혀 예상치 못했던 곳에서 새 신자가 모습을 드러내자, 그 안에 있던 사람들이 황당해서 깔깔 웃었다.

상규는 일요일 아침마다 도영보다 먼저 일어나 송현성결교회에 갔다. 또래 친구들과 어울려 노래하는 게 무척이나 좋았다. 어느 날은 교회에 갔는데, 처음 보는 청소년들이 있었다. 그들은 '호산나합창단'을 홍보하러 나왔다고 말했다. 호산나합창단은 1957년에 창단한 인천 기독교 고등학생 합창단이었다. 인천에서 성가대를 한다면 누구나 알 정도의 단체였고, 매년 합창대회에도 참가하는 팀이었다. 혹시 관심 있으면 오디션을 보러 오라는 말에 상규는 가슴이 두근거리기 시작했다. 세상에, 오디션이라니. 단 한 번도 생각해본 적 없는 것이었다. 성가대 친구들은 공부와 병행하는 데 어려움이 있을까 봐 망설이는 눈치였지만, 상규는 아무래도 상관없었다. 오직 호산나 합창단에서 활동하고 싶다는 마음뿐이었다. 친구 원식과 오디션을 보러 갔다. 원식은 테너를 지원했고, 상규는 베이스를 지원했다. 둘 다 합격이었다.

호산나 합창단은 일주일에 한 번 모였고, 대회를 앞두고는 평일 저녁마다 모여 연습했다. 상규가 다니던 부평고등학교는 야간 자율학습(야자)이 엄격하기로 소문이 나 있었는데, 합창단 연습은 야자에 당당하게 빠질 핑계가 되어주었다. 정규수업이 끝나면 환하게 불이 켜진 부평고등학교를 뒤로하고, 동인천 YWCA회관으로 향했다. YWCA회관은 메인 연습 장소였다. 간혹 꽃꽂이 같은 시민문화 프로그램과 일정이 겹치면 장소를 조율해, 기독병원 아래 돌체 소극장이나 자유공원 아래 인천제일교회에 가서 연습했다.

인천제일교회는 1946년에 인천에서 최초로 생긴 장로교회라서 이름이 제일교회였다. 바깥에서 보면 교회가 삼각형 모양이고, 첨탑이 뾰족하게 솟아있었다. 내부는 울림이 좋아서 성가 연습하기에 아주 좋았다. 게다가 합창대회가 열리는 장소였기 때문에, 그곳에서 연습하는 것이 가장 좋았다.

합창대회 날 도영이 꽃다발을 들고 찾아왔다. 인천의 많은 합창단원 중에 둥글납작한 베레모를 쓰고 제복을 차려입은 상규가 한눈에 들어왔다. 그 모습이 반짝반짝 빛났다. 호산나 합창단이 부른 <히브리 노예들의 합창>은 아주 감동적이었다. 이스라엘 민족뿐 아니라 지금 이 시대에 가난하고 차별받는, 세상에 소외된 사람들을 위로하는 목소리이기도 했다. 집에서 막내이자 개구쟁이로, 귀하게 사랑받으며 자란 동생이 어느덧 사람들과 어울려 노래하는 모습에 도영은 이상하게 마음이 울렁거렸다.

교회에 다니기 전 상규의 유일한 취미생활은 낚시였다. 학교에 다녀오면 집에 가방을 던져두고, 낙섬이나 동막에 가 망둥어를 낚았다. 고등학생이 되어서도 공부에 재미를 붙이지 못하고, 주말마다 바닷가에 나갔던 터였다. 가족이 많은 집 안에서는 욕심을 부리고 칭얼댔지만, 밖에 나가면 말수가 적고 혼자 있는 걸 좋아했다. 그랬던 상규가 호산나 합창단으로 활동하기 시작하며, 일상과 마음에 미세한 변화가 일었다.

변화의 첫 시작을 상규는 정확히 기억했다. 그것은 바로 게임이었다. 합창 연습을 한다고 모인 자리에서 게임을 했다. 박자 게임, 품바 게임 등 생전 처음 들어보는 온갖 게임들이 쏟아져 나왔다. 상규가 처음 해본다고 해서 봐주기란 없었다. 걸리면 무조건 인디언밥(등짝)을 맞아야 했다. 상규는 열을 올리며 집중해서 게임을 했고, 금방 룰(규칙)을 익혔다. 후끈거리는 분위기는 합창 연습까지 이어졌고, 자신도 모르는 사이에 단원들과 호흡을 맞추고 있었다. 의견을 내고, 대화하여 조율하고, 섞여 지내는 법을 몸으로 터득하게 되었다. 연습 틈틈이 개인적인 이야기도 오갔다. 스무 살 이후의 진로와 미래에 대해 깊고도 진솔한 마음들을 나누며 상규는 친구들과 꿈을 키워나갔다.

상규에게는 가족에게도 친구에게도 말 못 할 고민이 하나 있었는데, 그건 바로 이성에 대한 것이었다. 좋아하는 이성에 대해 말한다는 게 여간 쑥스럽고 간지러울 수 없었다. 상규는 이런 고민을 예비 형수인 연희에게 털어놓았다.

처음부터 예비 형수에게 속마음을 밝힐 계획이 있던 것은 아니었다. 첫 시작은 단순히 형의 협박 때문이었다. 상규의 형 인구는 연희와 장거리 연애를 하며 편지를 주고받았고, 주변 사람들에게 편지를 써달라고 했다. 막내 상규와 상규의 단짝 친구 강민은 부탁을 들어주었고, 인구가 얼마나 좋은 사람인지 적어 예비 형수에게 점수를 얻으려 했다. 둘은 인구의 얇은 편지 봉투를 도톰하게 채워주었고, 면을 세워주었다. 연희는 인구에게 보내는 편지에 상규에게 전하는 답장도 동봉했다. 예비 형수의 손글씨가 담긴 편지는 많은 내용이 담겨 있지는 않았지만 편안하고 따뜻했다. 실제로 송림동에서 처음 만나게 되었을 때 편지 때문이었는지는 몰라도, 상규는 연희가 무척이나 가깝게 느껴졌다. 상규는 그동안 형이 훔쳐볼까 봐 편지에 담지 못한 고민을 연희에게 털어놓았다.

연희는 키가 크고, 얼굴에는 여드름이 덥수룩하게 났고, 목소리는 우렁찬, 고등학생인 시동생 상규가 귀여웠다. 결혼 이후에도 상규는 종종 연희에게 상담 요청을 해왔다. 내용은 주로 이성에 대한 고민이었다. 연희는 명확한 해답을 주는 법이 없었다. 그냥 답답한 속이 조금이나마 괜찮아질 때까지 끄덕여주고, 때로는 맞장구를 쳐주고, 계속 곁에 있어 주는 사람이었다.

어느 날에는 상규가 집에 도착했는데, 연희가 부엌에서 난처한 모습으로 있었다. 그 옆에는 조개(동죽)가 한 자루 있었다. 무슨 일이냐고 물으니, 연희는 같은 골목에 사는 지수 엄마랑 월미도에서 배를 타고 영종에 다녀왔다고 했다. 인천에 시집오고 처음으로 가 본 영종이었다. 버스를 타고 가다 지수 엄마를 따라 내려 한참을 걸었다. 바닷물이 빠진 갯벌에 들어가 손을 휘저으니 동죽이 손끝에 걸렸다. 호미도 필요 없었다. 앉은 자리에서 네, 다섯 개씩은 건져 올릴 수 있었다. 갯벌에서 동죽을 처음 잡아보는 연희는 신이 났다. 챙겨 간 양파망에 동죽을 가득 담았다. 너무 많이 담아서 갯벌에서 끌고 나오는데 고생했다. 다시 버스를 타고 영종 선착장에서 배를 타고 월미도에 내렸고, 월미도에서 버스를 타고 송림로터리까지 와서 수도국산 언덕까지 이 많은 동죽을 이고 온 것이다. 맛을 보려고 조금 삶았는데 모래 때문에 입안이 꺼끌꺼끌해 먹을 수가 없다며, 실망한 얼굴이었다.

상규는 고무대야에 동죽을 쏟아부었다. 잠길 정도로 물을 붓고는 소금을 넣었다. 그리고 날달걀을 띄웠다. 달걀이 가라앉으니, 소금을 더 부었다. 달걀이 엄지손톱만큼 물 밖으로 얼굴을 내밀며 동동 뜨기 시작했다. 상규는 이제 동죽이 개흙을 뱉어낼 거라 말하며, 바닷물을 같이 담아오는 것도 방법이라고 알려주었다. 연희는 해감하는 걸 처음 배우게 되었다. 어렵게 잡아 온 동죽을 버리지 않아 다행이었다. 상규가 말했다.

"형수님 다음에는 같이 가요. 인천에 좋은 데가 많아요. 갯벌에서 조개 잡고, 물 들어올 때 망둥어 낚시하면 재밌어요."

# 수도국산을 달리며 자라는 아이

### 연희와 인구의 아이, 영이


수도국산 달동네 꼭대기 집, 송림1동 181번지 마당에 여자들이 둘러앉아 도토리를 까고 있다. 뚜껑에 털이 복슬복슬 달린 도토리, 뺀질뺀질 모자 쓴 도토리, 길쭉하고 얄쌍스런 도토리... 가지각색이다. 도구라고는, 벽돌 하나만 손에 쥐고 바닥에 도토리를 비벼서 껍질을 벗겨낸다. 김포 쪽 이름 모르는 산에서 주워와 미리 햇볕에 말려두었더니 껍질이 갈라져 톡 터져있었다. 벽돌로 살짝 밀기만 해도 쫙 갈라져 알맹이를 골라내기 쉬웠다. 주름진 도토리 알맹이 사이로 누런색 애벌레가 얼굴을 내밀며 꿈틀거린다. 움직이는 애벌레를 집어다 도토리 뚜껑에 태우는 작은 손이 있다. 연희와 인구의 딸 영이다.

영이는 상수리가 안 들어가면 묵이 맛이 없다느니, 참도토리가 들어가야 묵이 찰지고 좋다느니 하는 어른들의 말에는 관심이 없다. 도토리 열매를 손으로 굴려보고, 흔들어보고, 알맹이의 그어진 선을 따라 조각내보고, 애벌레를 만져보는 일에나 열중할 뿐이다. 까야 할 도토리가 많이 남아있어 허리를 두드리는 여자들 사이에서 영이도 싫증이 나기 시작했다. 그걸 알아챈 연희가 영이에게 돈 천 원을 주며 구판장에 가서 과자라도 하나 사 먹으라고 한다.

돈 천 원을 손에 쥔 영이는 신나서 언덕을 달려 내려간다. 짜니네 너른 앞마당을 지나 작은 언덕 골목을 빠져나가자 큰 차도가 나온다. 길을 건너면 분식집이 하나 있고, 분식집 앞에 놓인 두 대의 오락기 앞에 아이들이 몰려있다. 여기만 지나면 바로 구판장인데, 영이는 멈춰 선다. 아이들 틈에서 오락을 구경하다가 같이 편을 지어 응원하느라 시간 가는 줄 모른다. 바닥에 자리를 잡고 앉아 오락할 용기는 나지 않는다. 과자 사 먹으라고 받은 돈이기 때문에 어쩐지 오락하는 데 쓰면 안 될 것 같은 느낌이 들기 때문이다. 영이는 구판장에서 과자를 사 와 오락기 앞에서 아이들과 과자를 나눠 먹으며 계속 구경하다가 어느 틈엔가 휩쓸려 모르는 동네까지 놀러 가 버렸다.

도토리를 다 까고, 알맹이는 물에 담가 불리고, 껍질과 부스러기를 모아 신문지에 싸서 버리고, 마당 물청소까지 다 했는데도 영이가 오지 않자, 연희는 걱정되기 시작했다. 짜니네 마당과 골목 골목을 다니며 이름을 불러도 나타나지 않았다. 집에 돌아와 한참을 기다리자, 전화벨이 울렸다. 송현주공아파트 쪽인데 자기 아이가 처음 보는 친구를 데려왔다며, 그런데 그 아이가 집에 가는 길을 모른다고, 다행히 전화번호를 외우고 있어서 연락하니, 데리러 와 달라는 것이었다. 송현주공아파트는 구판장과 반대 방향이었다. 게다가 현대극장에서도 꽃비 미술학원을 지나 한참 걸어가야 나오는 곳이었다. 꽤 먼 거리였다.

연희를 보자마자 영이는 눈물을 왈칵 쏟았다. 손을 꼭 붙들고 수도국산 집까지 걸어갔다. 언덕을 올라가는 내내 연희는 영이를 혼냈다. 심장을 졸였던 탓에 안도하는 마음이 자꾸만 화와 섞여 성난 목소리로 거칠게 튀어나왔다. 연희의 목소리가 커지면 영이는 더 서럽게 울고, 다시 말이 없어지면 울음을 그치고를 반복하다가 집에 도착했다.

대문을 열고 마당에 들어서자 전혀 뜻밖의 반응들이 돌아왔다. 아무도 혼을 내지 않는 것이다. 여느 때와 똑같이 식사를 준비하는 초저녁이었다. 그저 다친 데 없이 잘 돌아왔으니 됐다는 무심함 속에 편안함이 있었다. 열불이 난 건 연희뿐이다. 그런 연희의 속도 모르고 남편 인구는 자기 어릴 땐 더 멀리 인천교까지도 놀러 다녀왔다며 자랑질한다.

수도국산 달동네에서 어린 시절을 보낸 인구도 남부럽지 않을 추억이 가득했다. 모험심을 자극하는 자연의 놀이터가 곳곳에 있었다. 가장 가까이에는 '수도국'(송현배수지)이 있었다. 수도국산 정상에는 인천시민들이 먹는 물탱크가 묻혀 있었고, 그 주변은 가시철망으로 둘러싸 사람들이 들어갈 수 없게 해놓았다. 철망 밖에서 바라봤을 때 그 안은 꽤 넓고 나무가 울창했다. 어떤지 궁금하기도 하고, 들어가서 놀고 싶은 마음이 요동쳤다. 인구는 동네 아이들과 주위를 어슬렁거리다가 철망을 벌려서 몰래 기어들어 갔다.

'수도국' 부지 안에는 신기한 것들이 아주 많았다. 봄이면 냉이와 달래가 자랐고, 여름이면 풀이 무성해져서 방아깨비와 같은 곤충 그리고 새가 많았다. 가장 좋은 건 무성한 나무에 붙어있는 매미를 잔뜩 잡을 수 있는 것이었다. 재미난 것들이 사방에 널려 있어서 너무 좋았다. 시간 가는 줄 모르고 놀고 있는데, 아이 중 한 명이 소리쳤다.

"야 짱구 떴다!!!"

짱구는 '수도국'(송현배수지) 관리인의 별명이다. 항상 빨간 모자를 쓰고 다녔는데, 짱구에게 걸리면 토끼 뜀을 뛰고 벌을 받아야 했다. 곤충채집 숙제 때문이라는 핑계도 먹히지 않았다. 재빨리 도망치는 게 상책이다. 들어왔던 구멍으로 다시 기어나가고, 그 구멍이 막히면 다른 구멍을 만들어 또 숨어들었다.

수도국산을 뛰어다니며 노는 사이 계절이 바뀌고 어느 날엔가 산 너머에서 떡을 나눠준다는 소리에 아이들은 동인천 북광장으로 우르르 달려갔다. 화수부두를 통해 들어오는 바닷물은 수문통을 거쳐 동인천 북광장까지 이어졌고, 물이 들어오면서 배도 같이 들어왔다. 고깃배가 들어오면 물건을 나르는 사람들로 북적거렸고, 물길 주위로 회, 생선구이, 밴댕이 등을 파는 포장마차가 늘어섰다.

그날은 풍어제를 지내는 날이라 평소보다 사람들이 더 많았다. 노랗고, 파란색의 대나무 깃발이 펄럭이고, 하얀색 갓을 쓴 무당도 보였다. 인구와 아이들은 풍어제를 구경하다가, 끝나고 공짜로 나눠주는 시루떡을 받아먹었다. 먹고 또 달라고 해서 또 먹었다. 아무도 뭐라고 하는 사람이 없었다. 떡을 많이 나눠 주면 나눠줄수록, 고기가 많이 잡힌다고 믿었기 때문이다. 그 의미를 아는지 모르는지 아이들은 한바탕 뛰어놀다가 최고의 간식을 만났다.

인구의 어린 시절 이야기를 들으며 영이는 웃음이 났다. 더 길을 잃고 헤매도 괜찮을 것 같았기 때문이다. 다음날 아이들과 어울리고 섞여 동네를 탐험하고 다닌다. 1996년 여름이었다. 동네에 카메라를 들고 다니는 사람들을 보았다. 그 사람들은 수도국산 달동네 골목을 이곳저곳 다니며 사진을 찍고, 아이들 사진도 찍었다. 영이도 찍혔다. 저녁에 집에 들어가 연희에게 낮에 본 사람들에 관해 이야기했다가 또 혼이 났다. 왜 모르는 사람에게 사진이 찍혔냐는 이유였다.

도토리를 주워오던 김포 쪽 이름 모르는 산은 없어지고 새로 도시가 들어섰다. 수도국산 달동네 마을이 하나, 둘 헐리고, 송림1동 181번지가 있던, 남숙의 가족이 살던 그곳엔 박물관이 생겼다. 재개발로 뿔뿔이 흩어진 마을 사람들이 박물관을 구경하러 갔다가 거기서 남숙의 손녀 영이 사진을 발견하고는 전화를 건다. 서로의 안부를 묻다가 솔빛마을 아파트에는 누가 입주하는지, 동네 여자들은 어디서 살고 있는지, 누구 소식은 아는지, 죽지는 않았는지, 같은 동네 사람들 이야기로 번진다.

남숙과 인구와 연희와 영이가 수도국산 달동네 박물관에 갔다. 마을이 있던 곳에 생긴 건물이 너무나 낯설다. 가난하고, 낡고, 지저분하고, 추웠던, 그 집과 동네와 사람들과 기억이 뭐가 그렇게 재밌는지 계속 떠들어 댄다. 박물관 내부를 구경하고 나와 외벽에 걸린 사진들을 구경한다. 수도국산 달동네를 뛰어놀던 영이와 아이들의 모습이 걸려있다. 영이가 인구에게 말했다.

"아빠, 나 60년대 사람 같이 나왔어."
"그러게."

"만약 저 시대로 다시 돌아가면, 계속 여기서 살 거 같아?"
"응 살 거야."
"나도."

# 남숙과 작은 생명들

## 송림1동 181번지에 새 식구

수도국산 달동네 골목 어귀에 사람들이 모여 있다. 웅성거리는 사람들 앞에는 눈 뜬 지 얼마 안 되어 보이는 강아지 두 마리가 놓여 있다. 태어난 지 보름 정도나 되었을까 싶은 아주 작은 강아지다. 배가 고픈지 어미 품이 그리운지 낑낑거리는 강아지를 두고 동네 사람들은 발을 동동 구른다. 누구 데리고 가서 키울 사람 없냐며 수소문하는 와중에 작은 여자아이 하나가 얼굴을 내밀고 "제가 데려갈게요"라고 한다. 연희와 인구의 아이, 영이다.

영이는 두 손 위에 강아지 한 마리를 안아 들고 송림동 집으로 달려간다. 갈색과 하얀색 털로 알록달록한 무늬를 가졌고, 눈동자가 까맣다. 반쯤 열려 있는 나무 대문을 지나며 큰 목소리로 엄마를 부른다. 마당으로 나온 연희는 강아지를 보자마자 또 뭘 주워온 거냐며 영이를 나무란다. 놀란 영이는 닭똥 같은 눈물을 뚝뚝 흘린다.

소란스러운 소리에 안방에 있던 영이의 할머니, 남숙이 마당에 나왔다. 영이가 데려온 작은 강아지를 가만히 쓰다듬더니 홀쭉한 배를 만져본다. 남숙은 부엌으로 가 밥알을 물에 불려 미음을 쑨다. 은색 양은그릇에 투명한 미음이 담겼다. 남숙은 손가락으로 온도를 가늠해보고는 어린 강아지 입에 묻힌다. 혓바닥을 할짝거리더니 점점 입으로 빠는 힘이 세진다. 탈 나지 않게 조금씩 목구멍으로 넘어갈 수 있게 해준다. 배가 어느 정도 찼는지 강아지는 밥그릇에서 고개를 돌린다. 남숙은 강아지의 볼록해진 배를 보고는 이제 살았네, 라고 한마디 한다.

동네를 한 바퀴 돌고 온 연희는 수도국산을 떠돌던 개가 낳은 새끼이고, 주인이 없다는 걸 알아냈다. 혹시나 키울 사람이 있는지도 알아보았는데 소득이 없었다. 타들어 가는 연희의 속도 모르고 배가 부른 강아지는 쌔근쌔근 잠이 들었다. 볼록한 배가 올라갔다 내려갔다 하는 모습이 신기해 영이는 한참 동안 강아지만 바라보고 있다. 일을 마치고 집에 돌아온 인구는 강아지에게 아롱이라는 이름을 지어줬다. 송림1동 181번지에 새 식구가 생기게 되었다.

송림동 집에서 개를 키우는 건 정말 오랜만의 일이다. 영이가 살아온 8년 동안 단 한 번도 없던 일이다. 영이는 앨범 속 오래된 사진에서만 개와 찍은 사진을 몇 장 보았을 뿐이다. 남숙이 마지막으로 키운 개는 불도그였다. 수도국산 꼭대기에 얼굴이 일그러지고 이마에 주름이 진 개가 골목을 버티고 앉아 있으면, 사람들은 무서워했다. 그 앞을 지나가지 못하고 멀찍이 서서 "입분 엄마~"하고 불렀다. 남숙이 나와 덩치만 크지 물지는 않는다고 말하면, 그제야 동네 여자들은 안심했다.

수도국산에는 개 있는 집이 많았다. 개들은 보통 개 줄 없이 집 밖에 머무는 시간이 많았다. 아침밥을 먹고 나면 집마다 듬성듬성 뚫린 대문 밑으로 기어나가 온 동네를 누비고 다녔다. 언덕 너머 다른 동네에서 옆집 개를 발견하기도 했다. 개들은 수도국산을 뛰어다니다가 새끼를 배서 돌아오기도 했다.

남숙이 키우던 불도그는 멀리 가는 법 없이 집 근처를 돌아다니다 대문 앞에 앉아 낮잠을 자곤 했다. 덩치가 크고 우락부락하게 생긴 모양에 성격은 참 순했다. 밥을 먹을 때도 두툼한 턱살이 출렁이며 우걱우걱 먹었다. 윤기가 나는 털을 보며 개가 어쩜 이렇게 멋지게 자랐냐며 칭찬이 일었다.

그러던 어느 날 남숙이 애지중지 아끼던 불도그가 죽었다. 쥐약 때문이었다. 가을이 되면, 동네 여기저기 쥐약을 놓았다. 동사무소에서 집마다 쥐약을 나눠주기도 했고, 초등학교에서는 쥐를 잡고 쥐꼬리를 가져오라는 숙제도 내줬다. 쌀 한 톨이라도 낭비를 막기 위해 온 동네마다 쥐약을 놓았는데, 쥐만 잡는 것이 아니었다. 동네 고양이, 개도 같이 죽어 나갔다. 쥐는 보통 밤에 왕성하게 활동하기 때문에 밤에 쥐약을 놓고 새벽에 거둬들이는 게 일반적이었다. 아침에 약 치우는 것을 깜빡하거나 주위에 개 묶어놓으라고 서로 단속하지 않은 경우, 사고가 났다.

쥐약을 먹은 불도그는 한참 동안 마당을 뱅글뱅글 돌며 이리 뛰고 저리 뛰었다. 눈알에 핏기가 서서 날뛰는데 남숙이 할 수 있는 게 없었다. 걸음이 느려지고 가쁘게 숨을 쌕쌕 내쉬다가 심장이 멈췄다. 남숙은 형우에게 불도그를 잘 묻어달라고 부탁했다. 형우는 고무 대야에 불도그를 담았다. 꽤 묵직했다. 수도국산 언덕을 내려가 현대극장 방향으로 갔다. 극장 왼쪽으로는 논이 있고, 극장 건너 맞은편 언덕으로는 산이 있어서 그쪽에 묻을 생각이었다.

불도그를 묻으러 가는 길에 쪼리 아주머니를 만났다. 쪼리는 조잘 조잘 이야기를 야무지게 잘해서 남숙이 붙여준 별명이다. 동네 소식통이기도 한 쪼리 아주머니는 대야에 담긴 개를 보고 안타까워했다. 남숙이 얼마나 정성을 들였는지 알기 때문이다. 그 안타까운 사연을 수도국산을 올라가며 동네 사람들에게 알렸다. 형우가 불도그를 묻고 오는 길에 동네 사람 하나가 개를 어디에 묻었는지 물었다. 왜 그러냐고 했더니, 삶아서 먹으려고 한다고 했다. 쥐약을 먹고 죽어서 사람이 먹으면 위험할 수 있다고 일러주었는데, 그 사람은 개가 죽은 지 얼마 안 되어서 창자만 걷어내고 먹으면 괜찮다며 위치를 알려달라고 했다. 형우는 자기는 일단 묻었으니 알아서 하라고 했다. 집에 돌아와 남숙에게 이 일을 말해주었다. 남숙과 형우는 마음이 편치 않았고, 그 뒤로 개를 키우지 않았다.

송림1동 181번지 마당에는 화단이 있었다. 시멘트 벽돌 구멍 사이로 채송화가 피어나고, 봉숭아가 자랐다. 봉숭아 꽃잎과 초록 잎사귀, 백반을 함께 빻아 손톱 위에 올린다. 사각형으로 자른 비닐봉지로 손가락을 감싼 뒤에 흰색 실로 돌돌 감아 묶는다. 하룻밤만 자고 일어나면 손톱에 주황색 물이 들어 있다.

마당에서 풀과 꽃잎과 돌멩이로 소꿉놀이하던 영이는 땅에서 발견한 콩 벌레(쥐며느리), 지렁이, 달팽이가 신기했다. 비 오는 날이면 우산을 쓰고 집 뒤 호박밭으로 갔다. 달팽이를 잡아 인구의 쌍방울 러닝셔스 종이 상자에 초록색 풀잎과 함께 넣어주었다. 봄에는 개구리알을 플라스틱 반찬통에 담아 오고, 하늘이 높게 떠 있는 가을날에는 잠자리채를 들고 나가 잠자리를 잡아 왔다. 집에 오자마자 잡아 온 생명들을 마당 어딘가에 아무렇게나 두면, 남숙이 다시 자연에 놓아주었다. 영이가 점점 자라며, 동네 고양이를 안아온다거나 학교 앞에서 파는 병아리를 가져오는 날들이 많아졌다. 연희는 영이에게 잔소리를 했지만, 남숙은 별말 없이 거둬 먹였다.

영이는 작은 두 손에 작은 강아지 한 마리를 담아 집으로 달려간다. 송림1동 181번지에 새 식구가 생겼다.

# 에필로그

겨울이 되면 남숙은 집 안에 있는 시간이 많아진다. 외출은 일주일에 한두 번, 교회에 가는 일이 전부다. 날이 좀 풀리면 집 근처 평화빌라 앞마당에 파라솔 의자를 깔고 앉는다. 파란색, 빨간색의 플라스틱 의자가 동그랗게 모여 있다. 동네 할머니들이 하나, 둘 모인다. 사람이 점점 늘어날수록 봄이 가까이 오고 있음을 느낀다.

평화빌라 앞에는 개나리가 있다. 개나리 나무 주위에 패딩에 목도리까지 두른 동네 여자들이 앉아 있다. 아직 바람은 차지만 따뜻한 햇볕을 쬔다. 개나리 노랑이 짙어질수록 평화빌라 앞마당에 모여 있는 시간이 늘어난다.

동네 여자들은 둘러앉아 달래도 다듬고, 쪽파도 깐다. 산책 삼아 한약방에 걸어가 약재도 얻어 오고, 약 치기 전의 어린 쑥도 캐온다. 부침개를 부쳐 간식으로 요기하고, 가끔은 졸기도 한다. 겨우내 따뜻한 난롯불을 아까워하던 남숙은 이제 봄날의 햇볕도 부지런히 쓰려는 듯, 빨래도 널고, 씨앗도 심는다.

남숙은 바람이 바뀌면 씨앗을 심는다. 일기예보는 보지 않는다. 바람이 바뀌는 걸 그냥 아는 것 같다. 그냥, 아는 거. 상추 씨앗도 왕창 뿌려서 야들야들하고 여린 상추를 솎아 먹는다. 부드럽고 순한 상추의 맛. 상추 맛이 다 다른데 그걸 안다. 남숙은 씨앗도 안 받는다. 다른 사람들은 키우다가 꽃이 나면 털어서 씨앗도 받고 하던데, 남숙은 안 한다. 그냥 다 뽑아 버린다. 그러고 다른 작물을 심는다. 자신이 가장 맛있게 먹을 때 미련 없이 씨앗을 안 털어버리는 여자.

그런데도 맛의 기억은 또렷해서, 누구네 호박이 맛있었는데 씨앗 받아두었냐고 묻는다. 그럼 바람에 잘 말려 창호지에 담아두었던 씨앗을 가져와 여자들 앞에 내놓는다. 벚꽃과 목련, 개나리에 마음이 홀라당 빼앗겨 있을 때 남숙은 호박 싹을 틔운다.

송림1동 181번지는 재개발로 사라졌지만, 새로 이사 온 집 남숙의 밭은 매년 초록 잎이 부지런히 자란다.

# 추천의 글

## 수도국산 달동네의 기원, 사실적이어서 눈 못 떼는

권근영 작가가 쓴 수도국산 달동네 글을 처음 접했을 때, 깊고 먼 기억들이 한꺼번에 소환되는 특별한 경험을 했다. 한번 읽고 넘어갈 이야기가 아니었다. 차곡차곡 묻혀온 현대 한국 생활사의 결정판이라 해야 할까.

이 이야기는 지난 2019년 말 '인천시 동구 송림1동 181번지, 수도국산 달동네의 기원'이란 제하의 짧은 글로 처음 인천in에 소개됐다. 처음 그곳에 정착했던 사람들, 3대에 걸친 대가족의 이야기는 곧 그리운 우리 할아버지 할머니, 그리고 아버지 어머니의 이야기다. 어렸지만 우리와 생활을 같이하여 분명한 기억으로 남아있는, 그러나 아련한 이야기라서 더욱 끌리게 된다. 멀리도, 가까이도 아닌 가물가물 우리 기억의 언저리에 남아있는 구도심 인천 사람의 이야기들이다.

그곳은 지금 달동네박물관이 들어선 바로 그 자리다. 2005년 이 박물관이 들어설 때, 수도국산 달동네 이야기도 회자되었을 터인데, 그 이야기가 이제 와 특별한 경험으로 다가왔던 것은, 이제서야 그때 그 사람들의 '우여곡절'들을 가슴으로 받아들일 수 있게, 때가 된 것일까?

수도국산 사람들의 삶의 시작은 작가의 할아버지(형우), 할머니(남숙)가 청춘이었던 1954년이었다.

"남숙은 형우와 혼인하고 송림동에 터를 잡았다. 당시 수도국산은 집이 한 채도 없고 처량했다. 아래쪽은 땅이 비쌌다. 싼 땅을 찾다 보니 산꼭대기까지 올라가게 되었다."

형우는 수도국산에서 좀 떨어진 배다리 참외전거리에서 과일이며 채소들을 구루마에 실어 나르는 일을 했고, 남숙은 신흥동 와룡회사에서 소주병 닦는 일을 했다. 맞벌이를 해야 식구들이 먹고 살 수 있던 달동네 사람들이었다. 식구들은 1998년까지 44년을 이곳에서 산다.

달동네 이야기는 수많은 방송, 신문, 잡지 등에 소개되곤 했지만, 권근영의 달동네 이야기가 특별한 것은 인천의 달동네를 상징하는 구도심 송림동 수도국산 정점에서 처음 시작한, 살아있는 가족들의 사실적이고도 생생한, 그리고 가감 없는 구술, 증언이기 때문이다.

1955년 남숙은 첫아들 인구를 수도국산 자기가 지은 집에서 산파의 도움 없이 귀로 익힌 요령에 따라 혼자 탯줄을 끊으며 낳았다. 1980년 76세의 나이로 남숙의 어머니가 병원 치료도 받지 못한 채 자궁암으로 숨을 거둔 곳도 같은 집이다. 인구와 결혼한 경남 진주의 시골 처녀 연희의 시집살이도 이 집에서였다. 그때 남숙의 집에는 그의 형제들 4가구 14명이 집을 넓혀 같이 살고 있었다. 연희의 마음은 어떠했을까.

수도국산에 살지만 수도국산 달동네 사람들에겐 수도가 없었다. 인구는 초등학교 입학할 무렵부터 수도국산 너머 언덕을 오르내리며 공동수도까지 어머니 대신 물지게를 졌다. 그렇다고 달동네의 삶이 늘 고단한 것만은 아니었다. 남숙은 와룡소주에 다니며 하얀 등대가 아름다운 팔미도로 야유회도 가고, 끝나고 비어홀도 간다. 남숙의 딸 도영은 부평 대한마이크로전자(주)에 다녔는데, 회사 체육대회 때 프로그램을 만들고 진행하는 활동을 즐겨 도맡았다. 박치기왕 김일의 레슬링 경기가 있는 날이면 텔레비전이 있는 달동네의 단 2집(선생네와 경동네)으로 사람들이 바글바글 모여들어 환호했다.

권근영의 '인천시 동구 송림1동 181번지'에는 그 시절 달동네의 애환, 슬픔과 기쁨, 비정함까지, 가족들과 이웃들의 뜨거운 감정들이 녹아 있다. 바람 잘 날 없는 대가족이 겪은 사건과 사고, 결혼과 출산, 이혼까지. 일터와 풍속, 여가생활과 소박한 소망, 그리고 질병과 죽음에 이르기까지 우리의 이웃, 수도국산 달동네의 일상과 삶 모든 것이 생생하게 담아져 있다. 그리고 그 이야기들이 매우 사실적으로 그려있어 쉽게 빨려들게 된다. 이야기들은 속도감 있게 전개되면서, 찬찬히 감정을 이입시켜 독자와 함께 호흡하게 한다. 독자들은 자기도 모르게 수도국산 옛 달동네 속으로 깊숙이 들어서고 만다.

송정로 (인천in 대표)

## 추천의 글

### 오늘도 송림1동 181번지에서 꿈을 꾼다

달팽이를 잡아 종이 상자에 넣고, 개구리알을 플라스틱 반찬통에 담아 오고, 잠자리를 잡고, 더 커서는 동네 고양이나 학교 앞에서 파는 병아리를 가져오던 영이는 훌쩍 커 송림1동 181번지가 생기고 소멸할 때까지 계보를 잇는 3대의 삶을 기록한다. 이 기록이 얼마나 따스한지, 어릴 적 한겨울 야산을 넘어 학교에 다녀와 집 앞에 이르러 한낮의 햇살을 받아 따뜻해진 담벽에 등을 대고, 손을 등 뒤로 해서 언 손을 녹일 수 있던 담 벽의 온기를 불러온다. 백령도, 한여름 파도에 오래오래 둥글어진 몽돌이 물기가 걷히며 내던 단단하고 따뜻한 온기를 떠올리게 한다.

영이는 송림1동 181번지, 그러니까 수도국산달동네 181번지에 흙담을 짓고 살기 시작해 재개발로 허물어질 때까지 그 집에 살았던 가족을 이야기한다. 이 이야기는 소설로 말하면 전지적 작가의 시점을 택하고 있는데 문장은 구구절절 신파스럽지 않고 객관적이다. 객관적인데 어느 순간엔 인물의 감정에 쑥 들어가 글을 읽는 이가 그 인물과 동일시하게 된다. 무엇보다 영이는 인물에 다정하다. 그래서 이 책의 글을 다 읽고 나면 인물 한 사람 한 사람이 내 곁에 오래 함께했던 사람들로 느껴져 언제 어디서 만나든 환하고 반갑게 오래도록 안부를 묻고 인사를 나누고 싶어진다.

이 책의 장점은 이 인물들의 삶 속에 들어와 있는 송림1동 181번지라는 장소성이다. 인천의 대표적인 달동네로 각지의 사람들이 일거리를 찾아 인천으로 몰려오면서 산 아래에서부터 산꼭대기까지 천막집을 짓고 살던 고단한 동네이다. 지금 영이가 살았던 집 자리는 수도국산달동네박물관 앞 너른 마당, 신정희 동상 근방이다. 여기에 살던 식구들의 동선은 지역학의 중요한 자료가 된다. 참외전거리의 조선배추, 와룡소주공장, 동인천역의 한진고속버스터미널, 동인천역 주변의 화평동, 배다리 여인숙, 송도유원지, 뿌리경양식, 수도국산 배수지, 자유공원 롤러장까지 당시의 풍경이 눈앞에 저절로 그려져 지도가 된다.

그뿐인가, 생활사적으로도 깜짝깜짝 놀란다. 스스로 분만하고 태를 자르는 과정, 주전자의 뚜껑 꼭지를 풀고 거기에 실을 넣어 주전자 주둥이 쪽으로 실을 빼내 수증기를 쐬어 구불거리던 털실을 재생하던 과정, 두드러기 난 몸을 염전 물로 씻겨 낫게 하고, 수도국산꼭대기에서 흙집을 짓는 모습, 초가지붕을 얹는 과정, 거기서 쏟아진 굼벵이를 갈아 약에 쓰던 풍경, 지붕 개량사업, 갯벌에 들어가기 전 지형지물을 잘 살펴둬야 한다거나, 한국판유리공장 고운 모래로 그릇을 반짝거리게 닦아내던 모습, 텔레비전 앞으로 모여들던 아이들, 대마를 피우던 부평공장 동료들까지, 무궁무진한 당시의 모습들이 펼쳐진다. 도대체 누구의 기억이 이리도 선명할까 고마운 마음이 절로 든다.

그뿐인가. 서로 아이를 돌보고, 어려운 사람 돈을 빌려주고, 줄줄이 딸린 식구를 먹여 살리고, 공동수도에서 다음 사람 초롱의 물을 받아주고, 장례식 때 서로 도와주던 이웃사촌의 모습이 아련하게 살아 있다.

무엇보다 그 많은 가족과 형제를 품고, 거두고, 돌보고 먹여 살리느라 애썼던 남숙과 세상에! 인천이라는 곳에 처음 와 수도국산달동네 꼭대기 인구의 집에 다다랐을 때 다섯 개의 방문이 열리며 줄줄이 보이던 층층시하의 시댁 식구를 봤을 때의 연희 심정을 짐작하고도 남는데, 다른 사람 같으면 진즉에 눈에 훤히 보이는 삶에 질려 도망갔을 텐데 그 가족들 속으로 인구를 믿고 들어갔던 연희. 또 서로가 힘이 되었던 당시의 동네여자들. 당시 아버지들이 가정을 지켜나갔던 가장의 무게도 만만치 않았겠지만 그 힘들고 어렵던 시절, 사이사이 삶의 틈을 채우고, 꽃을 피웠던 억척스러운 여성들이 보인다.

이렇게 따뜻하고 소중한 책이 또 있을까. 사람 냄새 물씬 풍기며 우리를 한 사람 한 사람의 생을 따라 웃고 울게 할 책이 또 있을까. 그들의 삶이 있었기에 지금 우리의 삶이 있다는 자명한 사실을 환기하며 어떻게 살아가야 할지 일러주는 책이 또 있을까.

글 속에 등장하는 수많은 사람들의 이름을 불러본다. 형우와 남숙, 그들의 자식인 인구, 상규, 입분(도영). 또 혜숙, 호성, 경수, 인순, 선애, 해인, 해성, 기돌례, 영이. 대청마루 한 가운데 걸린 다복한 가족사진이 그 집을 항상 지켜주는 것처럼, 이 글의 많은 사람들이 우리들 가슴에 남아 송림1동 181번지가 사라졌어도 사라지지 않고 지켜준다.

그렇게 따뜻하게 잘 자란 영이를 그냥 꼭 안아주고 싶다.

양진채 (소설가)

# 추천의 글

### 지지고 볶으며 살았던 송림동 181번지

'웃픈' 기록이다. 영이네 가족 이야기가 웃프다. 그때의 시간, 그곳의 공간이 나의 시공(時空)과 딱 일치하기 때문에 더 웃프다. '송림동 181번지'는 잘 아는 동네다. 영이네 집은 서부교회 바로 옆에 있었다. 서부교회는 옛날엔 '인천 제4교회'라고 불렸다. 내겐 4교회가 더 친숙하다. 수도국산 일대가 아파트와 공원으로 바뀌면서 마을이 통째로 사라졌다. 이 기록은 수도국산달동네박물관에 전시된 박제된 유물이 아니라 1954년부터 98년까지 그 동네에 살았던 한 가족의 투박하고 텁텁한 '레알' 스토리다.

수도국산을 동서로 나눈다면 한쪽은 송림동, 다른 한쪽은 송현동이다. 나는 산 아래 송현동 공장 옆 철길 동네에서 나고 자랐다. 가끔 수도국산에 사는 친구네 집에 놀러 다녔기 때문에 산 동네 사람들의 비탈진 삶을 보았고 일부 경험도 공유하고 있다. 그 동네를 생각하면 지금도 종아리 한쪽이 시큰하다. 어렸을 적 그 동네에 갔다가 똥개에게 크게 물린 적이 있다. 그 개의 털과 된장으로 어머니가 처방해 만든 고약 덕분에 흉터 없이 잘 나았다.

수도국산을 지키던 '짱구'는 나도 안다. 수도국산은 민통선(민간인 통제선) 구역이었다. 배수지 바깥으로 철조망이 높게 둘러 처져 있었고 경비원들이 24시간 외부인의 접근을 막았다. 그중에 '악명 높은' 짱구 아저씨도 있었다. 당시 동네 어른들은 만약에 수도국산의 배수지에 간첩이 몰래 들어와 독약을 타면 인천시민의 절반이 죽을 것이라고 했다. 그래서 어른들은 함부로 그곳에 들어갔다가 잡히면 간첩죄로 '가막소(감옥)'에 갈지 모른다고 엄포를 놓기도 했다.
수도국산 담장과 맞닿아 살던 친구가 있었다. 그 집에 놀러 가서 개구멍으로 배수지 안으로 들어갔다. 철조망을 뚫은 우리들은 나무총이나 칼을 들고 편을 나눠서 총싸움을 했다. '밀림' 속에서의 서바이벌 게임이었다. 배고프면 아카시아를 따서 씹어 먹었다. 그렇게 잘 지내던 친구들과 정기적으로 투석전을 했다. 산동네 아이들과 그 아랫동네 아이들이 피 튀기는 짱돌 던지기를 하곤 했다.

이 기록에서 특히 도영이에게 눈길이 갔다. 영이의 고모 '이쁜이' 도영은 나와 동갑내기다. 어디선가 몇 번은 스쳤을 인연이다. 나는 그 시대 동년배들은 모두 상급학교에 진학한 줄 알았다. 그는 중학교에 진학하지 못하고 고등공민학교에 들어가야 했다. 동인천청과물시장 근처에 있던 사탕 공장에서 일하던 도영이가 손가락 무좀 때문에 쫓겨난 '사건'에서는 울분을 느꼈다. 그리곤 괜히 미안했다.
도영이 부평의 대한마이크로사에 다닐 때 야근 퇴근길 골목에서 봉변당한 후 퇴직금을 가불해서 집에 호신 호출용으로 전화를 놓는 장면이 있다. 덕분에 그 전화기는 송림동 1동 181번지 최초의 전화기였다는 이야기에서는 웃음이 나왔다.

그들의 동선을 쫓아가다 보면 추억의 공간들이 펼쳐진다. 주 무대였던 현대극장 주변뿐만 아니라 양키시장, 배다리 공예거리, 와룡소주, 참외전거리, 신신예식장, 자유공원 롤러장, 그리고 키네마극장, 동방극장.... 이 얼마나 오랜만에 들어보는 고어(古語)들인가. 저 깊숙이 있던 그 어느 날의 그 장소로 바로 나를 데려다주었다. 와, 동인천 뿌리경양식집의 이야기를 여기서 읽을 줄이야. 돈가스에 진토닉을 거나하게 마시던 인구와 그 친구. 요즘 유행하는 '하이브리드'는 여기서 시작되었다. "밥으로 드릴까요, 빵으로 드릴까요"

영이네 식구들이 오르내렸던 길도 이제 얼마 남지 않았다. 사라지고 남았던 나머지 마을의 이주가 시작되었다. 머지않아 고층아파트가 산을 차지할 것이다. 골목길 이야기는 곧 지역사다. 수도국산 달동네를 기억하는 것은 인천을 기억하는 것이다.

'송림동 181번지'는 이제 지도에서 사라졌다. 그들은 지지고 볶고 살았지만, 그곳에는 참기름 냄새가 났다. 어느날 영이와 아빠 인구가 옛 동네 언덕에 섰다. "아빠, 만약 저 시대로 다시 돌아가면 계속 여기서 살 거 같아?" "응 살 거야." "나도."

나도 다시 돌아가고 싶다. 송현동 옛 기찻길 동네에 가서 친구들과 철길 위에다 못을 올려놓고 납작 칼을 만들고 싶다.

유동현 (전, 인천시립박물관장)

△　남숙

△ 가족사진. 왼쪽부터 도영, 형우, 상규, 남숙, 인구
▽ 1966년 상규 돌잔치. 첫 번째 줄 왼쪽이 형우이고, 형우의 오른쪽에 호성이 있다.

△ 1957년 송림동에서 형우와 인구
▽ 시은고등공민학교 졸업식 날 상을 받는 인구

△　인구가 다녔던 인천 중구 답동 시은고등공민학교에서 친구들과

△ 자유공원 맥아더 동상 앞에서.
모자를 비스듬하게 쓰고 가운데 서 있는 사람이 인구이다.

△ 도영의 돌잔치
▽ 송림동 집 앞 골목에서 상규와 도영과 강아지 해피

△  시은고등공민학교 교복을 입고 사진을 찍은 도영

## 내 고향

내 어릴때 살던곳은
벗꽃이 만발하고、
내 자랄때 살던곳은
백합이 살며시 미소짓고、
지금 내 머무는 곳은……

△ 서부교회가 보이는 배경으로 송림동 집 앞 골목에서 도영과 동네 아이들

△   상우와 상규

△  상우의 네 발 자전거를 타는 상규

△　1977년. 왼쪽부터 경수의 막내 아이 명화, 둘째 명근, 오른쪽에 고양이를 안고 있는 중학교에 갓 입학해 머리를 빡빡 민 남숙의 막내 아이 상규
▽　1977년. 왼쪽부터 혜숙, 남숙, 경수. 가운데 아이는 경수의 막내 아이 명화. 오른쪽은 동네 아이

△ 남숙과 상규
▽ 남숙이 다니던 와룡회사에서 키우던 개와 함께

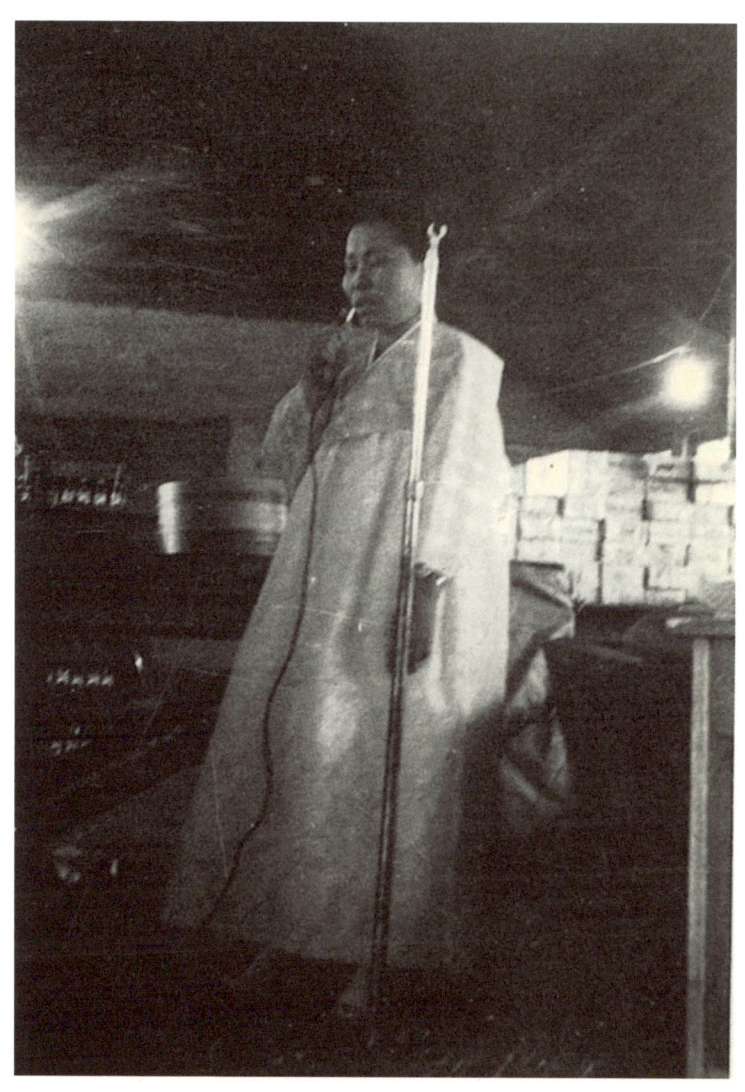

△  숭의동 비어홀에서 노래를 부르는 남숙

△ 팔미도 야유회에서 사무실 직원들과.
첫 번째 줄 가장 왼쪽 한복을 입은 남숙이 있고, 그 옆에 양 갈래 머리의 임양이 있다.

△ 팔미도 야유회에서 여자 직원들과.
첫 번째 줄 세 번째에 한복을 입은 남숙, 그 오른쪽에 임양이 있다.

△   자유공원에서 남숙과 혜숙

△ 명화의 고등학교 졸업식. 왼쪽부터 혜숙의 아이 해성, 경수의 아이 명화, 남숙의 아이 인구

△　1983년 2월 10일 상규의 고등학교 졸업식에서 경수와 상규

△ 상규의 고등학교 졸업식. 남숙과 도영

△   상규의 고등학교 졸업식. 남숙과 상규와 예비 신부 연희

△ 1983년 10월 20일, 상규가 예비 형수인 연희에게 쓴 편지

△ 공중전화 부스에서 상규

△　1970년대 상규가 다니던 중학교 학생증
▽　경수에게 낚시를 배운 상규는 종종 인구와 낚시하러 다녔다.

△   경수에게 낚시를 배운 인구는 인천교와 낙섬, 북성포구, 송도 등지에서 낚시를 했다.

△   송림동 집 마루에서 윗줄부터 인구, 상규, 도영

△ 1973년 11월 부평성모병원에 입원했던 남자들이 우정을 이어갔다.
왼쪽부터 횡성 남자, 인구, 부산 남자.
부산 남자는 숟가락 공장에서 일하다 다쳐 입원했다.

△　인구

△   공장에서 다친 왼쪽 검지를 사용하지 않고, 해변에서 기타를 치는 인구

△ 자유공원에서 비둘기 모이를 주고 있는 인구
▽ 1983년 2월 6일 인구와 연희의 약혼식

항상 내곁에 머물고 있는

사랑하는 나의 연이에게.

연이. 이제 봄옷도 무겁게 느껴질 만큼 여름을 연상케
하는 날씨가 하루가 다르게 더워지역오 있어.
그곳 경남 진양의 날씨는 어떤지
장인어른. 장모님을 비롯해서 처남,처제 들께서는
아무일없이 평온하신지.
이곳 인천도 연이의 염려 덕분에 아무일 없이
맡은일에 충실하며 열심히 살고 있다는 소식 전하지.
연이가 보냈던 물건 어제 무사히 받았어.
조금은 의외 이지만 약간은 의아스러웠지만. 멀리
있는 연이의 성의가 아주 고맙게 느껴지고. 기분도
상당히 좋았었던 것 같아.
특별히 아버님, 어머님께서 아주 좋아하시는것 같아
옆에 있던 나도 몹시 흐뭇 하드라구.
우리 쌍구 박사님께서 철나셨나 봐!
얼마 부쳤던 편지 보고서 어떻게 서울 나들이를
하실 생각은 하고 계신지. 아니면 이 편지 한통
으로 대충넘이지 몹시 궁금하기도 하고.
아니면 이미 출발을 해서 이 편지를 받을 수
없을지도 모르겠지만. 만약 이편지 까지 받아
본다면. 연이에게 다시한번 연이의 약혼자
로서. 부탁아닌 명령 동시 하는거야.

SHIN IL

△ 약혼 후 인구가 연희에게 보낸 편지

No. 2

5月 13日 까지 서울에 꼭 도착해주었으면 좋겠어.
만약에 오지 않는다면 연기 당신에 약혼자는
화가 치밀어서 가슴이 터지고 말거야.
그러니까 내가 전한 날까지 꼭 올라와 주기를...
〈하루쯤도 늦어도 되긴 하지만, 그렇게 되면
　　　내가 너무 바쁠것 같으니까 가능한한.
　　　　　(5月 13日 까지 올라와 주라구)
지난번 인이 소식에 인이의 마지막 미혼 친구가
시집을 갔다고 하던데 그때 인이의 마음은
어떠 했는지. 걱정 하구먼.
　나도 그친구 한번 만나보고 싶었는데
이제 그럴수도 없으니 몹시 유감스런 마음인데.
만나서 밥이야기도 조금은 없었는데 말야.
어쨌든 인이 빨리 올라 오라구.
매우 몹시 보고 싶으니까.
당신에 사랑하는 약혼자가 당신이 보고 싶어서
바싹 말라 죽을지경 이야.
지금도 내 머리속에는 온통 연이의 모습뿐이야
　　건강하고 예쁜 모습으로
　　　다시 만날날을 기대 하며...
　　　1983. 5. 10.
인천에서.　당신이 사랑하는 짝돌로 부터 ―.

SHIN IL

△　약혼 후 인구가 연희에게 보낸 편지

△ 인천 경동 신신예식장에서 인구와 연희

△  인천 송도유원지에서 연희와 인구

△   인천 송도유원지에서 피로연을 하는 인구의 친구들
▽   노래 부르기 싫어 도망가는 연희와 새신랑의 발바닥을 때리려고 하는 인구의 친구들

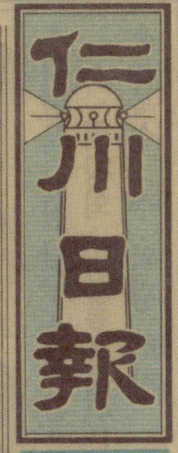

△　1996년 인천시 공예품 경진대회와 전국대회에서 수상하고, 인천일보에 인터뷰한 인구

△   자유공원에서 연희와 인구

△　눈 오는 날 송림동 집 마당에서 인구와 연희
▽　송림동 집 마당에서

△ 송림동 집 마당에서 도영과 연희

△　자유공원에서 도영

△ 대한마이크로전자(주) 야유회에서 사회를 보고 있는 도영
▽ 1981년 5월 10일 인천직할시 승격 및 제17회 시민의 날 합창 경연대회에 참가한 대한마이크로 합창단

△　1986년 4월 5일 송현교회 유치부실에서 남숙과 도영

△   1979년 4월 민속촌에서 기돌례, 도영, 남숙

△　왼쪽부터 연희, 남숙, 인순, 선애

△  인순이 선애와 함께 사라지고 20년 정도 시간이 흐르고 난 뒤. 왼쪽부터 선애, 연희, 인순

△   1995년 5월 8일 인천시청에서 송림1동 반장과 연희, 아랫집 여자

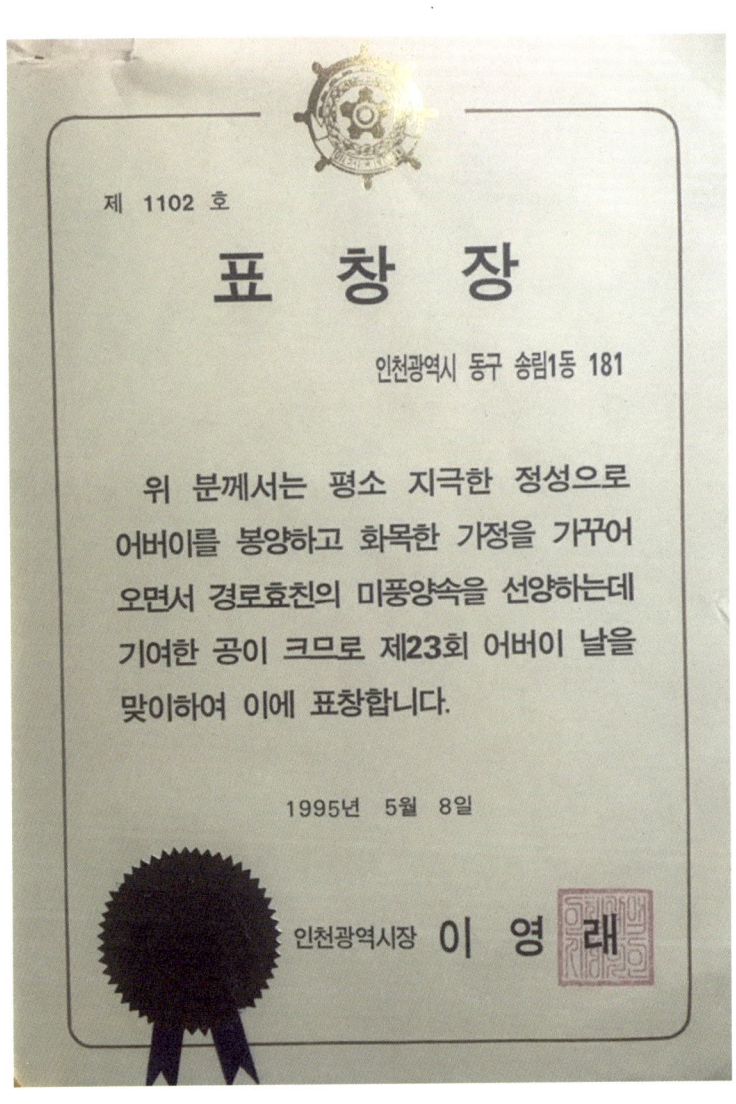

△ 제23회 어버이날 표창장. 원본에는 연희의 이름이 적혀 있다.

△ 송림동 집 마당의 화단

△ 송림동 집 마당에서 연희와 등에 업혀 있는 영이.
　인순은 화장실 문 앞에서 순서를 기다리고 있다.
▽ 봄이면 동네 여자들이 쑥을 뜯던, 송림동 집 뒤 호박밭 공터

△　수도국산 달동네 박물관 외벽에 걸려있던 사진. 가운데 정면을 바라보고 있는 영이

송림1동 181번지를
오래오래 기억하면 좋겠다.

**송림1동 181번지**
ⓒ 권근영

초판 1쇄 발행 2024년 4월 5일
펴낸이 | 권근영
펴낸곳 | 달빛체조
등록 | 2023년 7월 24일 제2023-000020호
팩스 | 032-885-1271
전화 | 010-6391-7773
전자우편 | buntassi@naver.com

디자인 | 정김소리
인터뷰이 | 송림1동 181번지를 기억하는 사람들
제작, 제책 | 세종인쇄

ISBN 979-11-987159-0-6
값 | 18,100원

2020년 1월 8일부터 2021년 4월 27일까지 <송림1동 181번지, 수도국산 달동네를 기억하며>라는 제목으로 인천in에 연재된 글을 정리해 출판합니다.

이 책은 저작권법에 따라 보호받는 저작물이므로 무단 전재와 복제를 금합니다.
잘못된 책은 바꾸어 드립니다.